ガルブレイス

異端派経済学者の肖像

根井雅弘

白水社

セラピスト

ガルブレイス——異端派経済学者の肖像

装幀＝小林　剛
組版＝鈴木さゆみ

序

アメリカの異端派経済学者ジョン・ケネス・ガルブレイスは、わが国でも、お馴染みの名前の一つである。経済学者というのは、あまり文章のうまさが要求されない職業だが、この点では例外中の例外である名文家ガルブレイスの本は、出版される度にベストセラーの上位にランクされてきた。このような事情は、アメリカでも変わらない。というよりも、アメリカでは、もっとガルブレイスの言動に触れる機会が多いわけだから、彼の著名度は十代の高校生の間でも相当なものだという。

私がガルブレイスのことを初めて知ったのも、やはり高校生の頃であった。当時は、彼の『不確実性の時代』がベストセラーになっていた時期に当たっているが、私は英語の勉強と称してその原書——これは多くの写真を含んだ大版の本で、今でも大切にとってある——も買って読んだ記憶がある。その後、大学で経済学を学ぶようになってから、『ゆたかな社会』や『新しい産業国家』も読んでみたが、正直に言えば、それらの著作は、その頃学んでいた経済学の教科書とのギャップが大き過ぎてあまり馴染めなかったように思う。そのような感想を持ったのは、おそらく、当時の私がガルブレイスの味が分かるほどの教養がなかったからに違いないが、彼がポール・A・サムエルソンの有名な経済学教科書とは随分異なった立場に立っていることだけは何となく予想がついた。

実際、彼は「異端」の経済学者なのだが、「異端」の意味は、「正統」を知ってからでなければ決して理解できないこともまた真実である。本書は、できるだけ「正統」との比較においてガルブレイスの「異端」たる所以を丁寧に説明するように心がけたつもりだが、スペースの関係で正統派経済学を詳しく解説する余裕がなかったところもある。そこで、読者には、ガルブレイスを真に「楽しめる」ようになるには、あえて「苦しい」勉強もしなければならないという「現実」を知っておいて頂きたいと思う。経済学は、残念ながら、「涙」なしに分かるほど甘い学問ではないのだ。

ガルブレイス経済学の真骨頂は、優れた現実観察に基づいて現代資本主義の本質を抉り出すところにあると言えるが、本文でも述べたように、このような経済学は、資本主義の本質を企業者の新結合（イノヴェーション）の遂行に見たJ・A・シュンペーターの「直観」の系譜であると思う。今日、このような系譜は、ごく少数派に過ぎない。なぜなら、「直観」というものは、どんなに教育を施しても伝え切れないような何物かであるからだ。シュンペーターの経済学は、多分に彼の「天才」的直観力に基づいていたので、理論の継承者を得ることができなかったが、同じように、ガルブレイスの「直観」をそのまま受け継ぐこともほとんど不可能だろう。

それにもかかわらず、人間の多面性を重視したい私としては、たとえ正統派経済学の方法論に全く従っていなかったとしても、優れた「直観」と華麗な名文が生み出すガルブレイスの世界にも寛容でありたいと思う。

私は、これまでの仕事からも予想されるように、決してガルブレイス経済学の「信奉者」ではなかった。正直に言って、自意識が過剰な彼の文章は少々鼻につくとさえ思ってきた。それでも、一連の著作におけるガルブレイスの問題提起から学ぶべきものは吸収し、さらなる発展のための糧にしたいという気持だけは変わらない。本書の読者には、当然、ガルブレイスの支持者も批判者も両方いるだろうが、どちらの側にも、ただ自らの立場を絶対化することなく、異なる思想から学ぶ勇気を持つようにお願いしたい。本書がそのための案内になれば、筆者としてはこれに勝る幸福はない。

＊　本書の原本『ガルブレイス——制度的真実への挑戦』は、一九九五年に丸善株式会社より出版された。本文中の引用文献で邦訳のあるものは、できるだけそれを利用することを心がけたが、用語の統一のため、部分的に手を加えたところもある。訳者の方々のご寛容を請う次第である。

ガルブレイス＊目次

序章

一九九一年の暮れ——この年は、湾岸戦争に始まり、ソ連崩壊で終わろうとしていた年だが——、アメリカの経済学者ジョン・ケネス・ガルブレイスは、日本の経済誌のインタビューに応じて、経済学者の果たすべき役割について次のように語った。

経済学者の影響力は、これまでも大きかったし、これからもそうだと考えている。これは、経済学者が、経済学は特定の政治グループに仕えるのではなく、社会に貢献すべきものだと考えていたからだ。

ところが、レーガン政権以降、経済学の世界に不幸なことが起きた。米国のために何が必要だというのではなく、レーガン政権やブッシュ政権の政策の妥当性を経済学的に裏付けようとする経済学者のグループが現われたのだ。

要するに、経済学者は社会全体のために経済学を発展させているのだということを忘れてはならない。経済学者に学問的な成果を発表するだけでなく、よりよき社会を建設するために、もっと具体的な政治行動を開始すべきだ。

（『エコノミスト』一九九二年一月七日号）

ガルブレイスといえば、『ゆたかな社会』（一九五八年）や『新しい産業国家』（一九六七年）などの名著を通じて、アメリカの主流派経済学を容赦なく批判する異端派経済学者としての名声を確立した人物だが、八十代の半ばを過ぎても、しばしば世界中のマスコミに登場し、あらゆる角度から現代の政治・経済思潮を鋭く批判する活動を続けていることでも知られた。

ところで、晩年は、前に引用した発言にも見られるように、経済学および経済学者の「保守化」という傾向に対して極めて厳しい態度をとったのだが、保守主義に対する彼の反発は、結局、学問に対する彼の基本的な姿勢に根ざしているように思える。その姿勢とは、「制度的真実」の支配に対しては断固として抵抗する、というものに他ならない。制度的真実とは、簡単に説明するならば、自分の属する組織のメンバーが信じなければならないような「真実」を指している。その組織が例えば軍事組織であれば、そのメンバーは、冷戦が終結したにもかかわらず依然として軍備競争が続いていくと信じなければならないというわけだ。つまり、本当の真実が世界情勢に見られる環境の変化に応じて変化していくようなものなのに対して、制度的真実は環境の変化への適応に失敗した時代遅れの幻想に過ぎないものなのである。

制度的真実は、もちろん、経済学界にも存在する。例えば、経済学の教科書には、消費者の嗜好や選択こそが生産の方向を決定づけるという「消費者主権」の考え方が説明されているが、現実には、企業側が宣伝や広告などを通じて消費者の欲求を創り出しているという事実がある。ガルブレイスは、名著『ゆたかな社会』において、このような現象を「依存効果」（消費者の欲望が生産の過程に依存していること）と呼んだが、それにもかかわらず、現代に至るまで、経済学の教科書は消費者主権を説き続けているのである。

ガルブレイスのようなものの見方は、よく指摘されるように、アメリカ制度学派の創設者ソースタイン・ヴェブレン（一八五七―一九二九）の影響を強く受けていると見て間違いない（ヴェブレンの全体像については、稲上毅『ヴェブレンとその時代』〔新曜社、二〇一三年〕を参照のこと）。ヴェブレンは、生前、天才に相応しい待遇を受けなかった悲劇の経済学者であったが、今世紀の後半に、ガルブレイスという強力な「パトロン」を得て、彼の精神がいまに伝えられていることは誠に幸いであったと言わなければならない。

では、ガルブレイスは、いかなる意味でヴェブレンの弟子なのだろうか。それは、私には、次の点にあると思われる。ヴェブレンは、名著『有閑階級の理論』（一八九九年）において、「制度」を「個人と社会の関係なり、特定の機能なりに関する支配的思考習慣」として定義し、「社会構造の進化は、諸制度の自然淘汰の過程」であるという命題を提示したが、しかし、環境の変化に応じて変化しなければならない制度が本能的に保守的な有閑階級の妨害にあってなかなか変化しようとしないことを独特の用語で表現した。このようなものの見方は、ガルブレイスが環境の変化と歩調を合わせて変化しにくい制度的真実を問題にする姿勢と驚くほどよく類似している。

実際、現代の経済学者の中で、ガルブレイスほどヴェブレンを尊敬している者を捜すのは困難であると言ってもよいだろう。ガルブレイスは、あるところで、『有閑階級の理論』を少なくとも一度は読んだ人でなければ、社会科学のものをかなり読んだとは言えない」(『ソースタイン・ヴェブレンとは誰であったか』鈴木哲太郎ほか訳)とまで絶賛しているくらいである。ガルブレイスとヴェブレンを繋ぐ糸はまだまだあるが、この段階では、彼がヴェブレンの流れを汲む制度学派の一員であることを指摘するに留めることにしたい。

ところが、現在では異端派経済学者として著名なガルブレイスも、最初は農業経済学を専攻する地味な存在に過ぎなかった。誤解を招かないように急いで付け加えると、私は農業経済学のような応用経済学が重要ではないと言おうとしているのではない。理論経済学の発展は、しばしば応用経済学の諸分野での動向に刺激されてきたし、純粋理論の業績で知られるジョン・ヒックス(一九〇四―一八九)でさえ、「経済理論の地位は応用経済学の下僕たるにある」という言葉を残しているほどである。しかし、農業経済学という学問が、後年のガルブレイスを特徴づける派手なイメージから最も遠いところにあることもまた事実なのである。

ガルブレイスは、一九〇八年、カナダのオンタリオ州にあるアイオナ・ステーションという小さな農村に生まれた。農村に生まれたという事実とガルブレイスの性格を無理に結び付けるつもりはないが、後年の彼の自信過剰とも思える言動がもしかしたら劣等感の裏返しではないかと考えてきた私の目には、彼自身が綴った次のような回想文は、やはり無視できない重みを持っているように映ってしまう。

南北両アメリカだけでなく、あらゆる国に当てはまることだが、農民というものは、ごく稀な例外をのぞいて、深刻な劣等感——かつて潜在劣等観念と呼ばれたもの——に悩んでいるということを知らない人に、農民は理解できない。農民が、農業の経済的重要性とか、土に親しむことから得られる精神的、道徳的特質とかを力説するのは、その劣等感を埋め合わせるためである。都市居住者は自分たちを本質的に高級な人種とみなしている。ところが、地主とは違い、働く農民は常に自分は田舎者だという気持と戦っている。都会人や農民のそういう態度は、学問、専門職業、政治の領域における農業の見方にも影響を及ぼしている。

(『回想録』松田銑訳)

ガルブレイス家は、世間一般よりは少し豊かであり、大黒柱の父親は大きな政治問題が生じるといつも近所の人たちを啓蒙する役を買って出ていたというが、このような生活環境が子供の成長に影響を及ばさないわけがない。実際、ガルブレイスは、「私の中に、農家の息子としての生来の不安感と、出会う人みなにものを教えるのが自分の責任であるという押しつけがましい感情の二つが共存しているのは、父からの遺伝である」と述べている。

一九二六年の秋、彼はオンタリオ農業大学——後にゲルフ大学に昇格——に入学したが、それまでの学業成績は乱読癖がたたってごく平凡なものだった。「いつの世にもその年頃のものは自分はガリ勉するほど馬鹿ではないと考えたがるが、私もご多分に洩れなかった」と。そして、せっかく入学したものの、彼は「美しい芝生と庭園だけは別として」この大学を心から愛することができなかった。その理由としては、「大学に対する忠誠心を思想の代用品とする」ように要求されたことや、至るところで反知性的な行動形態が養成されていたことなどが挙げられているようである。農業大学での成績は悪くはなかったが、こんなことを考えている学生は、教師の目には、「問題児」のように映っていたのかもしれない。というのは、後にゲルフ大学が有名になったガルブレイスに名誉博士号を授与しようとした時、たまたま再会した旧師から次のように言い放たれたからである。「ふん、わしだったら、君の今持っている学位も返上させるように計らうがね」。

さて、家畜飼育法や酪農法などの科目には早くから見切りをつけたガルブレイスであったが、「大不況時代」の最初の年（一九三〇年）に、ふと、次のような考え──農業大学では決して認められない考えだと彼は言っているが──が浮かんだ。

それは、適当な価格で売れない限り、いくら家畜を改良しても無益だという考えであった。そして当時適当な価格で売れる家畜はほとんどなかったから、私は農業経済学に興味を移そうと決心した。そうすれば、真の問題を理解できるようになるだろうし、その理解が就職の助けになるかもしれないだろう。大不況が続けば、不況の解決法を知っている人間に対して需要があるのが理の当然ではないか。そう私は考えた。今日になっても、私は、事後でなくて、事前にそういう認識をもったことに驚くのである。

（『回想録』松田銑訳）

同じ年の秋、農業大学の男子寄宿舎本館で郵便局の告知版を見ていた彼は、偶然、ある広告が目に留まった。それは、カリフォルニア大学農業経済学部のある財団が数名の有給研究生を募集していることを伝えるものであった。給料は年俸七二〇ドル（一ヵ月六〇ドル）ということだった（この額は、当時の学生にとっては決して悪くないものだったという）。オンタリオの環境から逃れたかった彼は早速それに応募してみることにした。その後、幾日か経って、農業経済学部の准教授ジョージ・ピーターソンという人から採用の通知が届いた。彼はついに新天地へのパスポートを手にしたのである。

一九三一年、オンタリオ農業大学を卒業した彼は、カリフォルニア大学バークレー校に籍を置くことになった。差し当たっての目的は、農業経済学の博士号を取得することであったが、バークレーに到着するや、オンタリオとは全く違った雰囲気が支配していることに彼は驚いたという。

バークレーでは、オンタリオとはうって変わって、ある課題について、自分は習熟しているくせになお学生と議論をやりたがる教授たちが、いきなり私の前に立ち現われた。彼らは、暇があれば、大学院の学生と長々と議論し、時には、議論を続けるためインターナショナル・ハウスにまでやって来たものである。……その時の印象が強かったので、それ以来私は少しも臆するところなく人に意見を述べることにした。それがまた非常に喜ばれたのである。

（「一九三〇年代のバークレー」鈴木哲太郎訳）

しかし、もちろん、彼にとってあまり愉快でないことがなかったわけではない。第一に、農業経済学の研究者は、純粋理論の研究者からは二流の市民と見なされていたことである。そして第二に、農業研究者たちの多くが、カリフォルニアの農務局連盟や農民連合の言いなりになっていたことである。敢えて言えば、こういう事情もあって、ガルブレイスの関心が、農業経済学からもっと広い経済学に移っていったのかもしれない。

そんな彼にとって好都合だったのは、当時の正統派経済学の代表であるアルフレッド・マーシャルと、アメリカの異端派経済学の代表であるソースタイン・ヴェブレンの著作に接したことである。後のガルブレイス経済学の形成に大きな影響を及ぼすのはヴェブレンであるが、マーシャルを学んだことはとてもプラスになったと彼は回想している。「正しいことを知るためには、まず誤ったことをしっかりと理解しなければならないから」と（しかし、ガルブレイスのマーシャル論には多くの誤解が含まれている。私は、『近代経済学の誕生――マーシャルからケインズへ』〔ちくま学芸文庫、一九九四年〕第九章でこの問題を論じたことがあるが、関心のある方はぜひ同書を参照して頂きたい)。

バークレー生活の二年目、彼の給料は一ヵ月七〇ドルに上がったが、しばらくして、今度はバークレー校からデイヴィス校への転校を命じられた。転校させられたのは、ガルブレイス自身の説明によれば、彼がカリフォルニアの出身ではなかったのでカリフォルニアをもっとよく知るようにという配慮だったのかもしれないということだが、バークレーを愛していた彼は、週末ごとにバークレーに足を延ばしていた。しかし、デイヴィス校では、農業経済ばかりでなく経済・会計・農場経営などの科目を教える仕事で年俸一八〇〇ドルを稼ぐことができたので、両親にいままでの学費を返済することによって妹を大学に入れることができたという。しかも、その間に博士論文の準備もしていたというのだから、誠に生産的な日々であったと言えるだろう。

一九三四年春のある日のこと、博士論文の仕上げをしつつあった彼は、一通の電報を受け取った。それは、翌年から年俸二四〇〇ドルでハーヴァード大学の教壇に立たないかという誘いの電報であった。カリフォルニア大学に満足していた彼は、最初、この申し出を受ける気はなかったが、ふと、誰かが他の大学からの招聘をちらつかせてこの大学での昇進を実現させた話を思い出し、自分もそれに倣おうと考えた。彼は、週末にかけて、自分にはハーヴァードから誘いがかかっていることを周囲に吹聴し、次の月曜日に農学部長との交渉に臨んだ。学部内の情報に通じていた学部長は、当然、ハーヴァードがガルブレイスに誘いの手を延ばしていることを察知していたが、彼を引き留めようとするどころか、なんとハーヴァードは気前のよいところだからその申し出を受けるべきだと言うのである！

その瞬間——自分の気持がどうあろうと——私にはもはや選択の余地はないのだと悟った。いまさら、ハーヴァードの給料の三分の二でよいからここにおいてほしいなどとは言い出せなかった。私が大いなる愛情を傾けた生活は終わったのである。私は外に出ながら、あんな交渉をして果たしてよかったものかどうか、思案にふけったことを思い出す。

（「一九三〇年代のバークレー」鈴木哲太郎訳）

こうして、一九三四年に博士号を取得した彼は、マサチューセッツ州ケンブリッジにあるハーヴァード大学に講師として赴任するために、カリフォルニアを去っていくのである。

しかし、ハーヴァードに招かれたことは、ガルブレイスにとって、決してマイナスではなかった。なぜなら、当時のハーヴァードは、J・A・シュンペーター、W・レオンチェフ、G・ハーバラー、A・H・ハンセンなどの優れた経済学者たちをスタッフに擁し、まさに「黄金時代」を築きつつあったからである。そして、まもなくハーヴァードは、「ケインズ革命」という経済学の一大変革の嵐に見舞われることになる。ケインズ革命は急速に若手の研究者たちを虜にしていったが、ガルブレイスもまた例外ではなかった。だが、彼は決して単なる「ケインジアン」と呼ばれることに満足しなかった。では、彼はどこまでケインジアンとともに歩み、どこで彼らと袂を分かつことになるのだろうか。私たちは、さっそく以下において、この問題を取り上げることにしよう。

第一章　価格皇帝見習

一　ケインズ経済学のアメリカ上陸

ガルブレイスがハーヴァード大学に着任した頃、ハーヴァードで最も権威のある経済学者といえば、それはフランク・ウィリアム・タウシッグ（一八五九—一九四〇）であった。彼は、何と一八八五年から一九三五年に至る半世紀もの長い期間、ハーヴァードで教鞭を執った人だが、ガルブレイスが初めて接した頃の（晩年の）彼は、「堂々たる風采と貴族的な態度」の持ち主だったという。今日では、残念ながら、タウシッグの名前を知っている経済学徒は少なくなったけれども、シュンペーターによって「アメリカのマーシャル」と呼ばれた彼の著書『経済学原理』（一九一一年）は、アメリカにおいて長年にわたって広く読まれた教科書であった。また、彼の経歴も、合衆国関税委員会委員長・ウィルソン大統領顧問・アメリカ経済学会会長などを歴任した事実に典型的に表われているように、「大家」に相応しい輝かしいものであった。

しかし、時代の流れは、過酷にも彼の名声を押し流していく。ハーヴァードが、アメリカにおけるケインズ革命の本拠地になったからである。

J・M・ケインズ（一八八三―一九四六）の『雇用・利子および貨幣の一般理論』――以下、『一般理論』と略称する――は、周知のように、一九三六年に刊行された著書だが、ハーヴァードでは、若手の研究者たちを中心に、刊行前からケインズの「新しい経済学」に対する関心が異常な高まりを見せていた。アメリカにいた彼らが、なぜケインズの準備している本のことを知り得たのかといえば、それはイギリスのケンブリッジで直接ケインズの教えを受けたカナダ人のロバート・ブライスが、一九三五年の秋、ハーヴァードにやって来たからである。ブライスは、さっそくタウシッグ以後のハーヴァードで世界的な名声を得ていた経済学者ヨゼフ・アロイス・シュンペーター（一八八三―一九五〇）のゼミナールに参加するようになったが、彼の見解――もちろん、それはケインズの「新しい経済学」に大きく影響されたものであった――は、ことあるごとにシュンペーター説とぶつかってしまい、周囲の人々は、ブライスの言葉の背後にあるケインズの新理論の内容をもっと詳しく知りたくなったのである。

シュンペーターは、天才によくあるように、一筋縄では行かない複雑な人物であったが、晩年は、時々彼らしい「ショーマンシップ」を発揮しながら、ハーヴァードの優秀な大学院生たちをよく可愛がったことが知られている。彼らも大学者をとても慕っていた。例えば、こんなふうに。

シュンペーターはがっしりした体格で肌は浅黒く、身長は人並よりやや低めであった。顔つきは陽気で、表情豊かで、社交と会話が大好きであった。ケンブリッジにフランツ・ヨーゼフ一世支配下のウィーンのスタイルが欠けていることは、もちろん彼のよく知るところだったが、できるだけそれに代わるものを見出そうと懸命に努めた。彼は毎日午後、ワイドナー図書館からマサチューセッツ通りを横切ったところの小さな喫茶店に取り巻きを連れて陣取った。学生たちに対しては、シュンペーターは繰り返し自分自身を洗練された知識人で、現実的な興味を抱きながら夢破れた人という姿に描き出して見せた。彼は、若いときに同世代最大の学者、最大の恋人、最大の将軍になるつもりだったが、悲しいかな、第一次大戦後のオーストリアの事情は彼に軍人になる可能性を与えなかったと語った。彼はまたあるとき、金に縁の薄い大学院生どもに、紳士たる者は年に五万ドル以下では暮らせないと言った。その金額は、税金や物価を考慮すれば、大体今日の三〇万ドルに匹敵するであろう。正しいことと、名を残すこととのどちらかを選ぶとなったら、シュンペーターはためらわず後者をえらんだ。

（ガルブレイス『回想録』松田銑訳）

しかし、シュンペーターにとっての悲劇は、彼の教え子たちのほとんどがケインズの新理論に飛び付いていったことであった。その中には、ポール・A・サムエルソンやJ・トービンなどのように、後にノーベル経済学賞を受賞することになる俊英も含まれていた。だが、なぜ彼の理論は、ケインズ経済学の前に敗北を喫しなければならなかったのだろうか。それには、大きく分けて、二つの理由があったと思う（シュンペーターの全体像については、伊東光晴・根井雅弘『シュンペーター』〔岩波新書、一九九三年〕、および拙著『シュンペーター』〔講談社学術文庫、二〇〇六年〕を参照のこと)。

一つは、シュンペーターが「現実に役に立つ経済学」にあまり重きを置かなかったことである。ケインズ革命がまだ進行中の一九三九年、彼は若き日にその名を高めた『経済発展の理論』(一九一二年)を歴史と統計によって大幅に拡充した大作『景気循環論』を発表したが、その序文には、こんなことが書かれていたのである。

私は何の政策も勧告しないし、何の計画も提案しない。政策の勧告や計画の提案以外のことを問題にしない読者は、本書を放棄すべきである。しかし私は、このことが、私が学問の社会的義務に無関心であることを証明したり、本書を――その歴史的部分を含めて――今日盛んに論ぜられている問題と関係ないものにしたりするとは認めない。今日もっとも必要であり、もっとも欠けているものは、人々が熱烈に統御しようと決意しているあの過程を理解することである。この理解を提供することは、あの決意に用具を与えることであり、それを合理化することである。このことが、学問的な研究者が、学問的な研究者として、果たす資格のある唯一の仕事である。

(吉田昇三監訳)

しかし、大量失業という現象が目の前にある時――一九三三年には、アメリカでは、四人に一人が失業していた――、あたかも世俗にかかわることを拒否するかに見えるシュンペーターの学問的な姿勢が人々に理解される可能性は、残念ながら、ほとんどなかったのである。

もう一つは、第一の点とも関連するが、シュンペーター独自の不況観に根ざしていた。彼の経済理論をかい摘んで説明すると、次のようになるだろうか。すなわち、好況が企業者による「新結合」（新しい財貨の生産、新しい生産方法の導入、新しい販路の開拓、原料あるいは半製品の新しい供給源の獲得、新しい組織の実現）の群生によって引き起こされるとすれば、不況はその新結合の群生がもたらした新事態に対する経済体系の正常な適応過程として現われる現象である、と。したがって、政府が財政・金融政策などの手段を駆使して民間の経済活動に介入することは、かえってその正常な適応過程を妨害するかもしれなかった。もちろん、シュンペーターは、不況がさらに進んで異常な吸収過程としての「恐慌」に陥る可能性を見逃したわけではない。しかし、彼が景気対策として挙げたものは「景気予測の改善」に過ぎず、しかもそれにも限界があるというのだから、世界的な大不況の最中に今の悲惨な状態を改善せんとして経済学に志した若い研究者たちの心をとても捕えられなかった。

ハーヴァードにおいて、人間シュンペーターがあれほど慕われたにもかかわらず、経済学者シュンペーターが受容されなかった理由はそんなところにあったのである。

というわけで、ハーヴァードでは若手を中心にケインズ経済学に対する関心が日増しに高まっていったわけだが、この辺で、ケインズの『一般理論』がどのような狙いを持って書かれた本なのかを簡単にまとめてみることにしよう。

『一般理論』は、「古典派経済学」（ケインズの用語では、新古典派を含む）に対する反逆の書であるとしばしば特徴づけられているけれども、その意味を分かりやすく説明するならば、それは古典派理論の基礎にあった「セイの法則」（供給はそれ自らの需要を創り出す）に対する挑戦であるという風に言うことができるだろう。ガルブレイスによれば、一九三六年の当時、セイの法則は、「立派な経済学者とだめな経済学者とを鑑別するリトマス試験紙」の役割を演じていたとのことだが、供給がそれに見合う需要を創り出すことができるためには、賃金と利子率が十分に伸縮的に動くという前提が満たされなければならない。

例えば、いま、労働に対する需要がその供給よりも少なく、失業が発生しているとしよう。しかし、賃金の伸縮性が前提にされているので、この場合は直ちに賃金が下落し、労働需要はその供給に見合うところまで増えることになるだろう。この考え方に従うと、失業が何時までもなくならないのは、強大な労働組合が存在して、それが労働に対する需給を一致させるよりも高い賃金水準に固執しているからだということになる。そのような賃金の硬直性さえなくなれば、いずれは完全雇用が実現されるというわけだ。

もう一つの利子率の伸縮性は、次のような役割を演じる。いま、消費需要が減って消費財産業に失業が発生したとしよう。しかし、古典派にとっては、消費の減少は貯蓄の増加と同じことであるから、利子率の伸縮性が前提にされるならば、利子率は直ちに下落するはずである。そして、この利子率の低下は投資需要を拡大させるので、最初の消費減少に基づく雇用の減少をちょうど相殺するような雇用を投資財産業に創出するだろう。つまり、利子率の伸縮性が前提にされるならば、すべての貯蓄は何の障害もなく投資へと繋がっていくわけだ。

これまでの説明から明らかなことは、次のように要約することができる。すなわち、労働者は賃金の伸縮性によってつねに完全雇用される傾向があり、彼らが生産したものも、利子率の伸縮性によって消費財か投資財としてすべて需要される傾向がある、と。供給がそれに見合う需要を創り出すというセイの法則は、以上のような「論理」に支えられていたのである。

しかし、『一般理論』のケインズは、セイの法則を全面否定する「有効需要の原理」という「新しい経済学」を提示した。それは、簡単に言えば、「短期」の想定（人口・技術・資本設備が所与であるという意味）の下では、産出量（または国民所得）が社会全体としての有効需要（外国貿易と政府の活動のない閉鎖体系においては、消費需要と投資需要から構成される）によって決定されることを主張するものだが、今これを簡単なモデルを使って説明してみよう（ケインズの経済理論についてのより詳しい説明は、拙著『ケインズを学ぶ』〔講談社現代新書、一九九六年〕を参照のこと）。

さて、閉鎖体系における国民所得は、供給面から見れば国民生産物の供給を、需要面から見れば消費需要と投資需要の合計を表わしているが、ケインズによれば、国民所得の均衡水準は、その需要と供給が等しくなるところで決定されるという。ただし、留意すべきに、消費需要に関して、彼が次のような重要な仮定を置いたことである。すなわち、消費需要Cは国民所得Yの増加関数だが、Cの増加はYの増加には及ばない（これは、専門用語では、限界消費性向dC/dYが1より小さい正値をとると表現される）、と。また、投資需要Iは、ひとまず一定額がYから独立に与えられている（すなわち、Ī）と仮定する。

以上から、均衡条件は次の式によって示されることになる。

$$Y = C(Y) + \bar{I} \quad (1)$$

また、貯蓄SはYマイナスCとして定義されるので、(1)式は次のようにも書き換えることができる。

$$S(Y) = \bar{I} \quad (2)$$

そして、(1)式または(2)式を図示したものが、有名な四五度線とC＋Ī曲線が交差する図1_a（または、Ī曲線とS曲線が交差する図1_b）である。この図については、もはや多くを語る必要はないかもしれないが、一応、次のことだけは再確認しておきたい。図1_aでは、均衡所得は四五度線とC＋Ī曲線が交差する点Eにおいて決定される（すなわち、均衡所得はこの場合Y_eである）が、特別

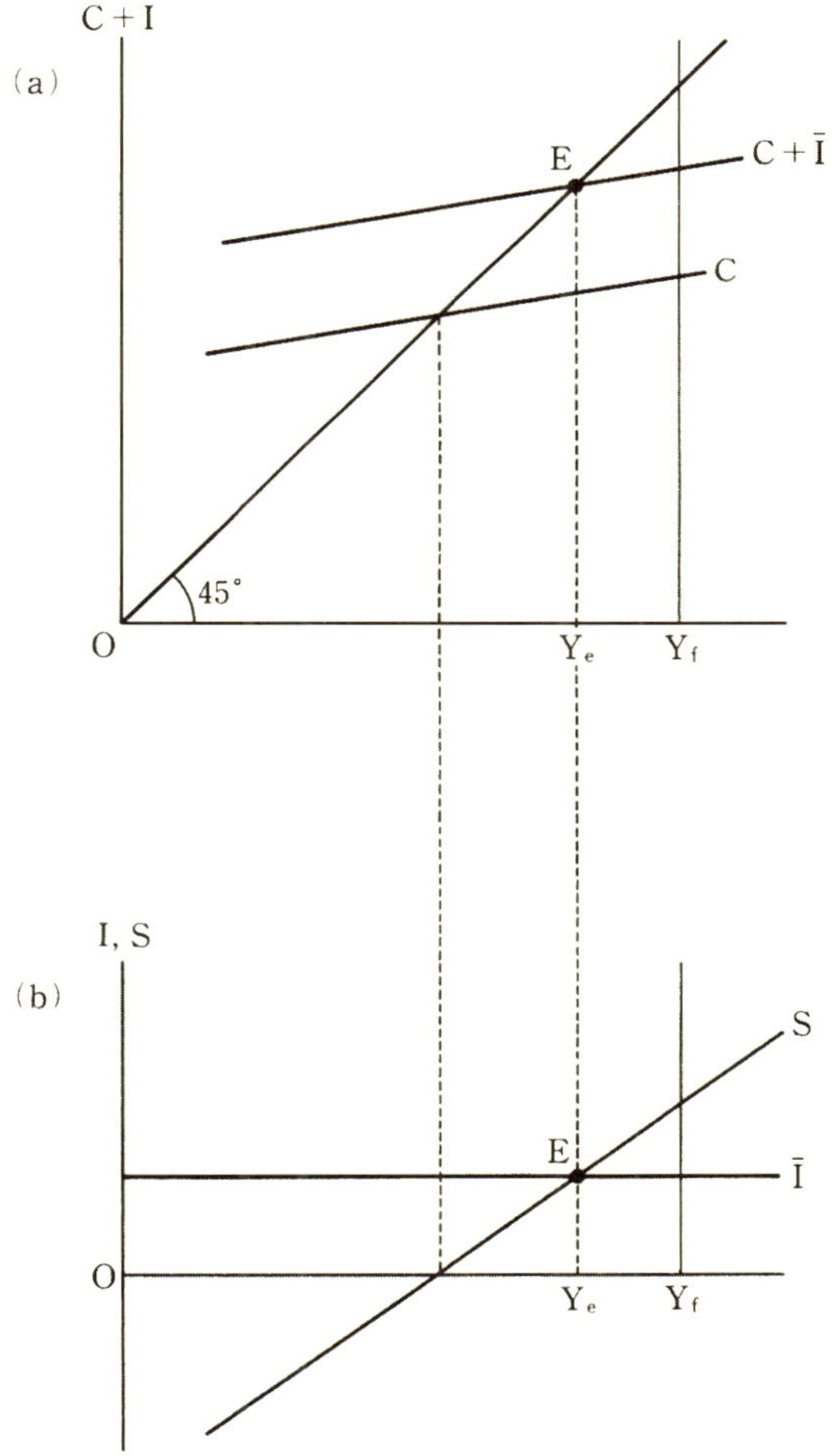

図 1

な場合を除いて、それは完全雇用に対応した所得 Y_f とは一致しない（同じく、図1bでは、均衡所得はI曲線とS曲線が交差するところで決定されるが、ここでも Y_e は例外を除いて Y_f とは一致しない）。図1では、均衡所得が完全雇用対応の所得に到達していないことが見て取れるが、この場合は、生産設備の遊休や労働者の失業などを伴う「デフレ・ギャップ」が発生しているという。そして、そのデフレ・ギャップの大きさは、完全雇用対応の所得における四五度線とC＋$\bar{I}$曲線の間の垂直の距離によって測られる（図2のFG）。

一九三〇年代のアメリカの大不況は、もちろん、大きなデフレ・ギャップの存在によって際立っていたわけだが、そのような場合には、政府が積極的に減税や財政支出の増加などの対策を打つことによってC＋$\bar{I}$曲線を上方にシフトさせる（つまり、デフレ・ギャップをなくす）努力をしなければならない。また、その過程では、財政赤字が発生することも覚悟しなければならない。これが、四五度線モデルから導き出される最も単純な「ケインズ主義」の内容である（財政に重きを置くため、しばしば「財政主義的」と形容されることがある）。

念のために言っておくと、ケインズの『一般理論』自体は、いま説明したほど簡単に読める本ではないし、彼の思想を「財政主義」と捉えることにも疑問がないわけではない。しかし、このようなケインズ理解を世界的に広めるのに最も貢献した経済学者が、三〇年代のハーヴァードにはいたのである。アルヴィン・H・ハンセン（一八八七―一九七五）こそ、その人である。

ハンセンは、ウィスコンシン大学でJ・R・コモンズやR・T・イーリーなどに経済学を学

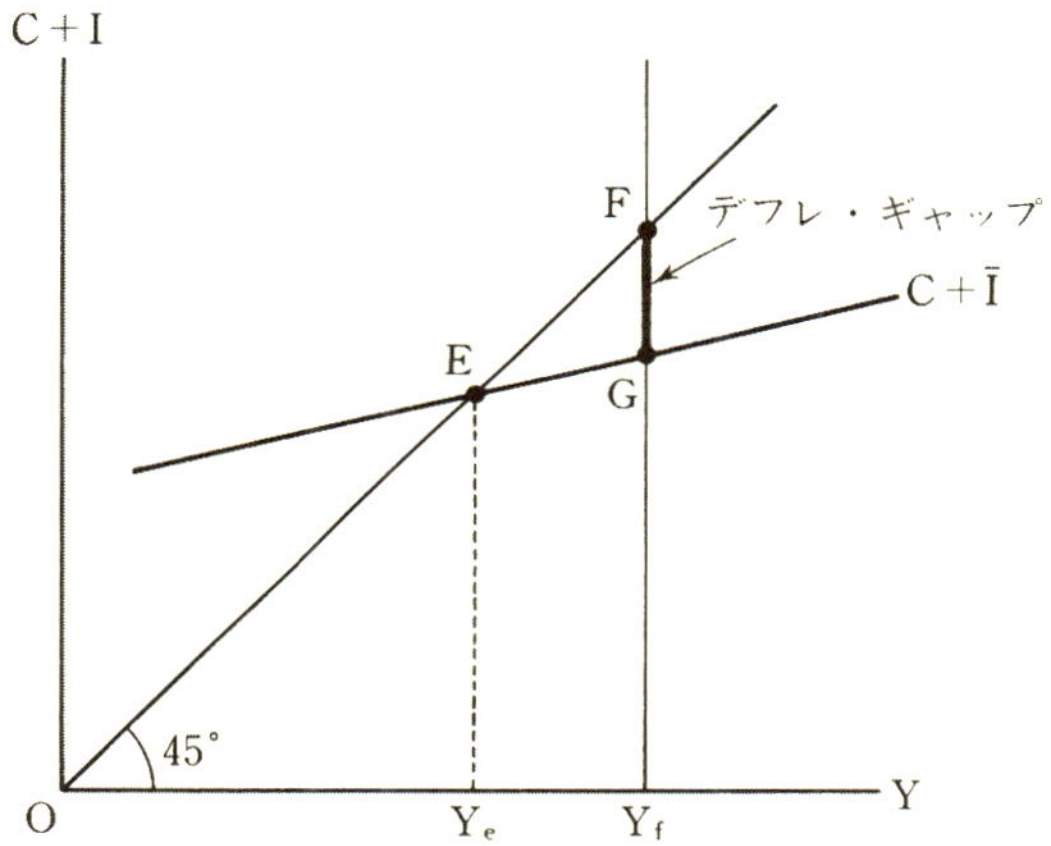

図 2

んだ後、ブラウン大学、ミネソタ大学を経て、一九三七年にハーヴァード大学リッタワー行政大学院の経済学教授に招かれた学者だが、意外なことに、最初は『一般理論』に冷淡であったことが知られている。しかし、ハーヴァードに着任して、「フィスカル・ポリシー・セミナー」を担当するうちに、全米で最も熱心なケインジアンになってしまった。この事実は、彼をハーヴァードへ招聘した保守派の人々にとっては、不愉快極まりないことだったに違いない。なぜなら、彼らは、「自由放任の終焉」を宣言し、政府の積極的な経済活動への関与を主張するケインズ主義という「危険思想」が若手の間に浸透しつつあるのを憂慮して、ハンセンならばケインズ経済学に対する「解毒剤」の役割を果たしてくれるはずだと期待していたからである。

ともかく、ハンセンが指導した「フィスカル・

ポリシー・セミナー」は、一躍、ケインズ経済学研究のメッカとなったのである。当時のハンセンの印象を、ガルブレイスは次のように回想している。

すでに名声を得ていた人々はケインズになじまなかった。考えを変更するか、あるいはその必要がないことを明らかにするかのあいだでの選択にたたされると、ほとんどすべての人は後者を選択するものである。そのときにもそうであった。ハンセンはすでに名声を得ていたが、自分の考えを変えたのである。……

彼は著書、論文、講義でこの書物の考えを説明し、それをアメリカの舞台に適用する仕事に乗り出した。彼は学生や若い同僚たちに、彼らはそれらの考えを理解するだけでなく、他人に理解させ、そのうえで行動に移るべきだと説得した。およそそうしようとしたり、あるいは、はっきりとその事実を意識しもせずに、彼は十字軍の指導者となった。三〇年代後半、新しい行政学大学院でのハンセンのセミナーには、ワシントンの政策作成者たちが常時出席していた。しばしば学生がホールにまで溢れた。人はそれが国内で目下おこっている最も重要なことだと感じたし、確かに、おそらくそれが正しかったのである。

（「ケインズ経済学のアメリカへの波及」佐伯彰一・早坂忠訳）

ただし、誤解を招かないように、次のことだけは補足しておきたい。ガルブレイスの回想にあるように、当時ルーズヴェルト政権下の官僚たちの中にハンセンのセミナーにわざわざ出席するためにハーヴァードを訪れていた者がいたことは確かである。しかし、だからといって、ルーズヴェルトの「ニューディール政策」を単純にケインズ主義の実践に結び付けることは正しくない。もちろん、ルーズヴェルトがニューディールの一環として成立させた全国産業復興法（NIRA）・農業調整法（AAA）・TVA計画・ワグナー法・社会保障法などが恐慌からの脱却に果たした役割を決して低く評価するわけではない。だが、ルーズヴェルトがケインズ経済学を理解していたというのは誤謬に過ぎないし、彼の経済ブレーンたちもケインジアンというよりはアメリカ制度学派の流れを汲む計画化論者が多かったという方が真実に近いと思う（制度学派は、何も国家を支配階級の既得権益に奉仕する機関と見なしたヴェブレンのみで代表されるわけではない。例えば、コモンズは、「銀行家資本主義」の弊害を説き、国家の統制活動の導入による「適正な資本主義」への移行を理想としたが、彼もまたアメリカ制度学派の一員であることに変わりはない）。

さて、ガルブレイスは、他の多くの若手研究者たちと同様に、ケインズ主義の最も熱心な支持者の一人となった。そのうち、彼は『一般理論』を読むだけでは飽き足らず、実際にイギリスのケンブリッジ大学に留学して、ケインズから直接教えを受けたいと思うようになった。幸運なことに、一九三七年の春、ロックフェラーの寄付で創設された「社会科学研究委員会」に申請していた留学の奨学金が下りて、彼はまさしくケインズ革命の本拠地であるケンブリッジ大学への留学パスポートを得た。ところが、ケンブリッジに着いてみると、ケインズが心臓発作の後の療養中で、彼から直接の指導を受けられる可能性はほとんどないことが分かった。だが、その代わりに、ケインズのインナー・サークルの人々（J・ロビンソン、R・カーン、P・スラッファなど）と親交を結ぶことができたのは不幸中の幸いであった。なぜなら、彼らを通して、ケインズがいま何を考えているかを正確に知ることができたからである。また、ケインズ革命の同時発見者で、当時ケンブリッジに滞在していたポーランド出身のM・カレツキからも実に多くを学んだ。というわけで、イギリス留学は、ガルブレイスにとって誠に有意義な経験であったと思う。

ケインズ経済学は、前に触れたように、ハーヴァードを経てアメリカの土壌に根づいていったが、革命にはよくあるように、ハーヴァードにも長い間保守派による反ケインズの政治的な動きが続いた。例えば、一九五〇年代のこと、ハーヴァードの卒業生たちがある組織に集まって、『ハーヴァードにおけるケインズ』と題する書物を編んだことがあったが、その本の中には、何とケインズ主義が社会主義・マルクス主義・共産主義・ファシズムなどの思想と同類のものとして扱われていた。真面目な研究者たちは、もちろん、この本を問題にしなかったが、ガルブレイスによれば、その本はアメリカの右翼団体の関係者たちの間にはかなりの売れ行きを示したという。

ケインズ自身、自分の思想が自由放任主義を信奉するアメリカの保守派には「危険思想」に映るかもしれないことを十分に意識していた。『一般理論』の最終章にも、実際、「消費性向と投資誘因とを相互に調整する仕事にともなう政府機能の拡張は、十九世紀の評論家や現代のアメリカの銀行家にとっては個人主義に対する恐るべき侵害のように見えるかもしれない」（塩野谷祐一訳）という件がある。にもかかわらず、ケインズは、続けて次のように言っている。「が、私は逆に、それは現在の経済様式の全面的な崩壊を回避する唯一の実行可能な手段であると同時に、個人の創意を効果的に機能させる条件であるとして擁護したい」と。

だが、一九三〇年代の大不況期には、アメリカでさえ、左からは失業者たちによる「インターナショナル」の歌声が、右からは民主主義を否定するファシスト団体の叫びが聞こえていた時代であり、もし政府が何も手を打たなければ、右と左の間を右往左往したあげくに全体主義国家が成立していたかもしれない。ケインズは、そうではなく、第三の道――有効需要の管理にともなう政府機能の拡大は認めるが、生産手段の国有化のような国家社会主義は不要であるとする「適度な保守主義」――によって資本主義の危機を乗り越えることが可能であると説いたのである。ガルブレイスは、あるところで、保守主義者たちがいまでも「資本主義」と呼んでいるものを救った功績はケインズとハンセンにあるという趣旨の発言をしたことがあるが、まさに至言だと思う。

二　価格統制をめぐって

一九三八年の秋、ガルブレイスは一年間のイギリス留学を終えてアメリカに帰国した。イギリス留学といっても、もちろん、彼はその国だけに留まっていたわけではない。彼は、三七年に結婚したキャサリン・アットウォーターを伴って、スウェーデン・ドイツ・オーストリア・イタリアなどの国々を旅行した。しかし、彼は奨学金の究極の出所であるロックフェラー財団のパリ駐在員に留学の成果を報告する義務があったので、にわかに「観光客」としての各国の印象をどうしたら「経済学者」としての研究報告に仕立て上げられるか、とても苦労するだろうと覚悟していた。ところが、である。

ロックフェラー財団のパリ駐在員は、トレイシー・キットリッジという名の、いかにも親切そうな顔をした、半白の好人物であった。彼は日当たりのいい、快適な事務室に私を通した。私は報告のために、その数カ月間に会って話した経済学者の名前を残らず――たとえ無名でもかまわずに――集めておいた。私は彼らの名前を並べ立て、ローマの会議のことや、ベルリンと東プロシアでの農事の視察のことや、ジュネーブでの国際連盟経済専門家との面談のことを報告した。その四、五日前、パリから南へ数時間行程のところで、私たちはたまたま小さな農事試験場の前を通ったので、車を返して、所長に会い、場内を視察した。私はそれも報告に加えた。しかしとうとう種が尽きた。即席で架空の報告はしない方がよいと私は思った。

キットリッジはしかつめらしい顔で私をじっと見てこう言った。

「お若いの、ちとご忠告したい。」

私はうなずいて、身構えた。

「もうこの辺で休暇をお楽しみなさい。」

（ガルブレイス『回想録』松田銑訳）

今から思えば、誠に「のどかな海外留学」であったかもしれないが、しかし、時代はまさに第二次世界大戦の前夜に差し掛かっていた。一九三八年九月二十九日、英仏独伊はミュンヘンで会談し、ズデーテン地方の対独割譲を決定したが、その会談のことをガルブレイスが知ったのは、ちょうどアメリカへ帰国する船の中だったという。

さて、ガルブレイスは、一九三八年の秋から、再びハーヴァードでの生活に戻ったわけだが、その頃には、ケインズ革命の「水先案内人」の役割を演じたブライスがカナダに帰国してしまっていたので、今度はガルブレイスがブライスの衣鉢を継ぐことになった。なぜなら、彼はまさに革命の「大本山」であるイギリスのケンブリッジ留学から帰ってきたばかりだったからである。ガルブレイスによれば、「私の権威は揺るぎないものであった」という。

自信満々の彼は、自分のハーヴァードでの昇進の可能性を疑わなかった。だから、一九三九年の春、プリンストン大学が彼を助教授として招聘したいと言って来た時も、最初はプリンストンに行く気は全くなかったという。しかし、かつてカリフォルニアからハーヴァードに移った経緯もそうだったが、彼はまた、「別の大学から声がかかれば、ハーヴァードにおける昇進が確かなものになるだろうから、一応訪ねてみるのが賢明だ」と考えた。そこで、彼は、プリンストンの経済学部長に対して、色々と虫のいい要求を出して悦に入っていたらしい。ところが、まさにその時、ハーヴァードの経済学部長から電報が届いた。それによれば、ハーヴァードにおける将来の見通しはすこぶる暗いから、プリンストンが提供するどんなポストも受けた方がよい、とある。というわけで、彼は、仕方なく、一九三九年秋から、プリンストン大学へ助教授として移ることになったのである。「その夜のことを思い出すと、今でも不愉快になる」と彼は回想しているが、少しは数年前の経験を教訓にすべきであったとも言えるかもしれない。

だが、プリンストン時代は三年間と短かった上に、そのうちの二年間は休職してルーズヴェルト民主党政府関係の仕事に就いていたので、大学に愛着を感じる余裕などはなかったようだ。む

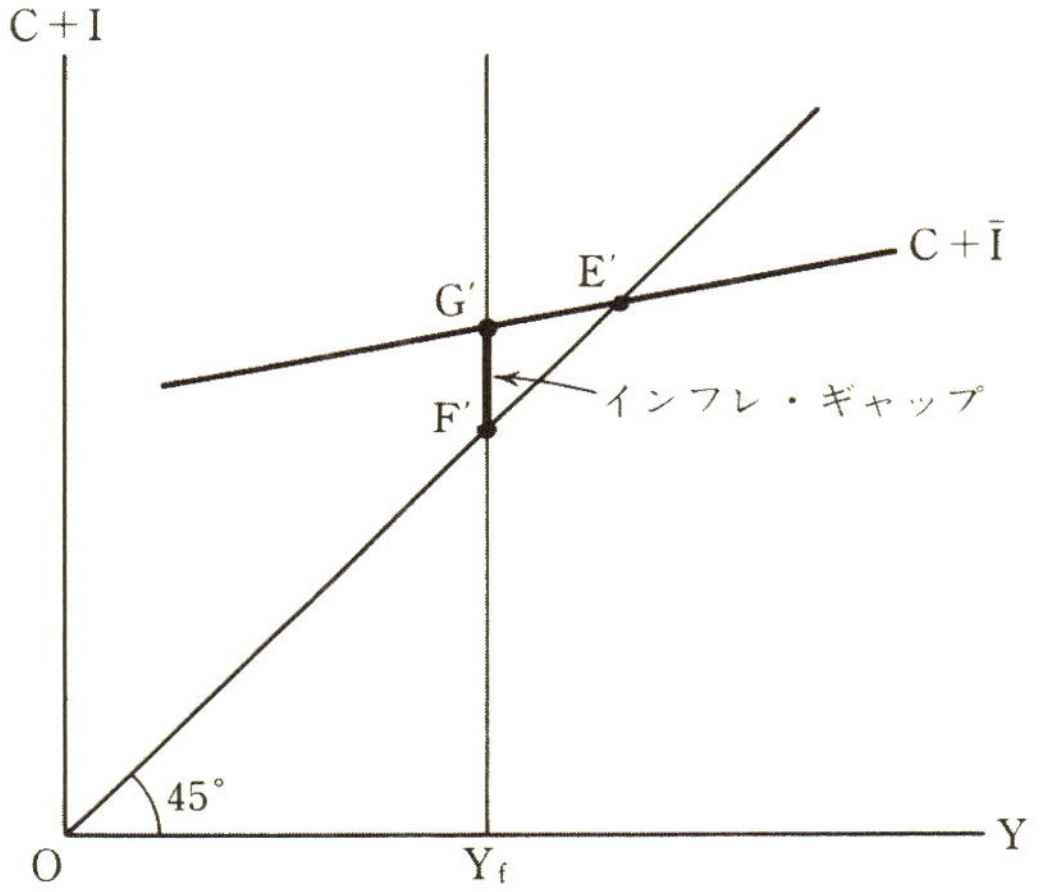

図 3

しろ、この時期のガルブレイスを有名にしたのは、第二次世界大戦中、物価統制・民需供給局（OPACS）での物価統制官としての仕事（一九四一－四三）だと思う。

三〇年代のアメリカは、前に触れたように、長引く不況に喘いでいたが、四〇年代に入ると、アメリカも第二次世界大戦の進展に伴う戦時経済への移行を余儀なくされた。そして、今度は、不況ではなくインフレーションが最も緊急の問題となった。

インフレーションという問題は、周知の四五度線モデルでは、「インフレ・ギャップ」を使って説明することができる（図3を参照）。ここでは、総需要が過剰で完全雇用対応の所得 Y_f を越えたところ（点E′）で均衡所得が決まっているのが分かるが、しかし、完全雇用点以後は実質所得は変わらず物価上昇ゆえに名目所得が膨れ上がっているに過ぎない。そして、インフレ・ギャップとは、完全雇用対応の所得における四五度線とC＋Ī曲線の間の垂直の距離（図3では、F'G'）によって測られるというわけだ。インフレ・ギャップが存在する時は、デフレ・ギャップの場合とは反対に、増税や財政支出の削減によってC＋Ī曲線を下方にシフトさせる手段を講じなければならない。これが、四五度線モデルから直截に導き出される政策であった。

しかし、平時におけるインフレーションとは違って、戦時下のインフレーションは、このような診断と処方箋が当てはまるほど単純でも明快でもなかった。ケインズ自身、『戦費調達論』（一九四〇年）を読めば分かるように、そのことに十分に気づいていたと思う。ケインズがそこで提示したものは「繰延支出案」と呼ばれたが、これは簡単に説明するならば、戦争による過剰な需要を抑制するために強制貯蓄計画を立て、戦後に資本課税によってそれを払い戻すというものだった。もちろん、ケインズは、その他の配給制・物価統制・賃金統制などの諸手段も論じたが、彼にとっては、それらはあくまで補助手段に過ぎなかった。

ところが、これに対して、ガルブレイスは、「インフレ抑制策の選択とタイミング」と題された論文において、「選択的統制案」とも言うべき提案を行なった。その辺の事情は、『回想録』では、次のように説明されている。

私は、総需要が総供給を超過する明確な点はないと説いた。多年の不況と過少投資と労働者の訓練不足の結果、アメリカの製造工場はチグハグになっており、こちらに過剰能力があるかと思えば、あちらには能力不足が生じているという状態であった。その状態に戦時需要の不均等な衝撃が加わるとなると、完全操業と完全雇用とは、業種によって非常に不規則な形で現われてくるであろう。したがって、全般的完全雇用状態が生ずるよりも前に、相当のインフレが生ずるであろう。私は終局的には、総需要を制限することによって、インフレを抑制すべきだという主張を是認した上で、軍需に無関係の商品価格に注目せよと提言した。というのは、そこにこそ、いつ一般的な抑制が必要になるかということを示す最良の手がかりが存在するからであった。価格騰貴は不均等に、そして完全雇用状態にはるかに先がけて生じてくるから、私の主張する対策は、ケインズやハンセンの対策よりも、はるかに多くの統制――能力不足の生ずる各分野での選択的統制――を実施せよというものであった。

（松田銑訳）

選択的統制を提案した彼の論文は、ワシントンで広く読まれた。彼が価格統制官として権力を揮うようになったきっかけもこの論文にあるわけだが、それだけに、その論文に対する彼の思い入れも浅からぬものがあるようだ。すなわち、「私は今までに、それよりもはるかに長く、はるかに強力な論文をいくつも書いたが、国家の政策にも、私自身の一生にもこれほど大きな影響を及ぼした論文はない」と。

ガルブレイスの価格統制官としての悪戦苦闘ぶりは、彼の『回想録』に詳しいので関心のある方はぜひその本を参照して欲しいが、しかし、戦争の進展に伴って彼が選択的統制を放棄して包括的統制を採用せざるを得なくなったことだけは付言しておかねばなるまい。一体、当時、価格統制官ほど産業界から恨まれた人間はいないと思うが、そんな仕事を二年間も誠実にこなしたならば誰でも心身ともにボロボロになってしまうに違いない。実際、彼は、一九四三年五月、その地位を去った直後、過労から突然倒れてしまった。彼の『回想録』には、その当時の心境が次のように綴られている。

それからの数カ月間、私は全然生きる楽しみを感じなかった。突然に権力を失うと、考えもしなかったほど空虚な感じに襲われ、心の張りがなくなり、精神的な空気塞栓症に陥る。いかにその柄ではないと言われようと、やはり自己懐疑に悩まされ、私という舵取りを失った後で、いろいろな問題がどう決定されているのか、それが絶えず気にかかる。中でも、予想だにしなかった最大の不都合は、自分が今や素手で敵に立ち向かわねばならぬことである。敵の攻撃を受けても、いつもの武器——秘書やタイピスト、広報担当官、呼べばすぐ集まる新聞記者——を使って、すぐに応戦することはもうできない。長い間積もりに積もった疲労も、重い油の川のように私を押し流そうとした。

（松田銑訳）

だが、価格統制官の経験は、彼にとって決してマイナスではなかった。というのは、その仕事を通じて、アメリカでは、いまや教科書の描く完全競争市場をはるかに越えて不完全競争市場または寡占市場が支配的な経済が成立しているという実態に肌で触れることができたからである。寡占体制に対する関心は、第二次世界大戦後に書かれた『アメリカの資本主義』（一九五二年）、そして究極的には『新しい産業国家』（一九六七年）へと受け継がれていくが、これらの著作については、後に詳しく紹介することにしたい。

・

ところで、価格統制官の仕事を離れたガルブレイスだが、何時までも落胆してばかりはいられないので、取りあえず、雑誌『フォーチュン』の編集長ラルフ・ペインに会いにニューヨークに行ってみることにした。かつてペインが同誌の編集陣に加わらないかと誘ってくれたことを思い出したからである。この就職活動はうまく行って、さっそく一九四三年の秋から、彼は『フォーチュン』誌の編集者兼執筆者としての仕事を開始した。

だが、彼にとって、文章だけで食っていくというのは初めての経験であった。私たちのようにどこかの大学から給料をもらっているのとは違って、物書きは売れなければたちまち「無能」の烙印を押されてしまう世界の住人である。しかも、都合の悪いことに、当時の彼は「名文家」ではなかった。そんな人間がいきなり雑誌社で文章を書くというのは、彼自身が後年認めているように、「いささか常軌を逸したうぬぼれ」であった。

ところが、何とも幸運なことに、『フォーチュン』誌には、H・R・ルースという文章の達人がいて、ガルブレイスも彼から徹底的に文章の書き方を叩き込まれたのである。もう一度繰り返すと、一流のジャーナリストとして通用する文章は、学者として通用する文章よりもはるかに分かりやすく、しかも読者を唸らせるような名文でなければならない。『フォーチュン』誌に籍を置くまでのガルブレイスは、経済学者ではあっても決してジャーナリストではなかった。そんな彼が、ルースの指導を受けながら、努力の末にようやくジャーナリストとしても通用する文章が書けるようになったのである。

もちろん、学者にとっては、ジャーナリズムに深入りすることの危険性も決して小さくない。なぜなら、一度ジャーナリズムの世界に飛び込んでしまうと、ごく限られた範囲の読者を対象に物を書くということは、なかなかできにくくなるからである。ガルブレイスも例外ではない。彼には、価格統制官としての経験を生かして書かれた『価格統制の理論』(一九五二年)という著作があるが、これは一部の専門家の間では好評だったものの、一般の読者からはほとんど無視された。この事実は、彼のプライドを深く傷つけたに違いない。そこで、彼は、今後、ごく少数の専門家だけに読まれるような本は決して書くまいと決意したという。そして、『回想録』には、「それは、他の決断とは違って、私が今まで後悔したことのない決断である」とある。しかし、このような考え方は、経済学者の間ではなかなか支持されないだろう。ガルブレイスのことを「ジャーナリスト」としてごく軽くあしらう雰囲気が学界にあるのも、彼のこの「決断」と無関係ではない。真に必要なのは、ジャーナリズムと学界の間の緊張関係のはずだが、それを目指しているはずのガルブレイスが片方に偏った発言をするのは好ましくないのではないだろうか。少し横道に逸れてしまったが、『フォーチュン』誌の仕事をしたことは、他の面でも、ガルブレイスの財産となった。というのは、同誌が、早い時期から、現代の大企業体制がアメリカ経済にとって持つ意味を積極的に考察しようとしていたからである。

初期の『フォーチュン』は、工業化社会のいかなる雑誌にも増して、現代の大企業を最も大きな経済的、社会的勢力と認めていた。その『フォーチュン』で筆者兼編集者として数年を送ったおかげで、私はいろいろな大企業の構造と事業目標と経済的、社会的、政治的影響を身近に観察することができた。それは他では決して得られない経験であった。その年月の間に私は、新古典派の教科書的経済学の神話に対する免疫性を得た。単一の人格に結びついた権威と所有権の下に、単一の人の頭脳によって指導される競争的企業から成る社会というような、その学派の抱くイメージに感染しなくなったのである。さらにこの間の経験から、現代の大企業における決定的に重要な経営機関、革新機関としてのテクノストラクチュア（技術者管理集団）の概念その他多くの着想も得た。それらはハーヴァードにおける私の講義と『新しい産業国家』の両者の内容の一部となった。私がルースと『フォーチュン』から受けた恩義——むしろ彼らの責任という人もいるかもしれないが——は少なからぬもので

（ガルブレイス『回想録』松田銑訳）

あった。

そして、一九四八年の秋、ガルブレイスは、『フォーチュン』誌で学んだ文章術と新しいアイデアを持ってハーヴァード大学での学究生活に復帰していくのである。ただし、最初は、「地位は講師、給料は教授並」という奇妙な待遇だった。しかし、イリノイ大学がガルブレイスを経済学部長として引き抜こうとしている事実が明るみに出ると、ハーヴァードの経済学部は直ちに教授会を開き、ガルブレイスを正規の教授に任命することを決議した。その日の教授会は、頑固な保守主義者のG・ハーバラーが欠席していたので、全会一致であったという（因みに、ハーバラーはオーストリアからアメリカに亡命した経済学者だが、第二次世界大戦後のオーストリアの経済的成功はハーバラーのような自由放任主義者たちがアメリカに移住したことが大きく貢献している、とガルブレイスは皮肉混じりによく語ったものである）。

しかし、行く手にはまだ障害物があった。ガルブレイスの教授昇進が伝えられると、ハーヴァードの評議会がにわかに騒然となったからである。ハーヴァードの評議会というのは、ハーヴァードの卒業生たちによって選出された三十名から成る団体だが、ガルブレイスによれば、この団体はより小規模の理事会とともにハーヴァードの「二院制行政府」を構成するものだという。しかし、普通は、評議会の役割は全く儀礼的なもので、教授会での人事に異を唱えることなどはかつてなかったことであった。ところが、至上の「法則」にも例外があったのだ。

どこの大学でも評議会は保守的なものだが、ハーヴァードもこの例にもれず、ニューディール派の生き残りやケインズ経済学を嫌う人が多かった。ガルブレイスは、このどちらにも関係があると目されていたから、彼らにとっては「危険人物」だったわけだ。

このもめ事は、丸一年も続いた。結局は、ガルブレイスの教授昇進が実現したが、しかし、そのためには、ハーヴァードのコナント総長が辞職するという「脅し」をかけなければならなかったと伝えられている。

ハーヴァードの経済学部に落ち着いたガルブレイスは、エドワード・S・メイソンから産業組織の講座を譲り受け、本格的な大企業研究に取り掛かった。農業経済学から出発した彼は、ようやく自分の本領を発揮できる場所を得たのである。そして、その成果は、まず、『アメリカの資本主義』(一九五二年)となって現われた。この本は、現代の寡占体制にガルブレイスが初めて挑戦した試みだが、なるほど幾つかの点で後年の著作の成熟度までには到達していないとはいえ、とても興味深い主張を含んだ好著だと思う。そこで、次に、この本の内容を見ていくことにしよう。

三　アメリカ資本主義への関心

経済学を学ぶと、最初の方に、「完全競争市場」という概念が出てくる。それは、具体的には、売手も買手も多数かつ小規模で、売手による生産物の差別化も市場支配力も存在しないような市場のことだが、しかし、現在、このような市場は、幾つかの農鉱産物の市場を除いて、ほとんど存在しないことが知られている。

そこで、次に、「完全独占市場」という概念が導入される。これは、文字通り、売手が唯一人の市場であるが、そこでは、当然に生産物が完全に差別化されており、売手の市場支配力も大きい。だが、これも、現実には、一部の公益事業以外にはほとんど存在しないものである。

最後に残るのは、「独占的競争市場」および「寡占市場」である。前者は、売手は多数だが生産物は差別化されているような市場であり、後者は、売手が少数で、しかも生産物の差別化と市場支配力を完全とは言えないまでもかなりの程度もっているような市場である。

ところで、経済学者は、一九三〇年代までに、寡占市場を除く市場の分析に関しては多くの誇るべき実績を上げてきた。例えば、完全競争市場は、A・マーシャル（一八四二―一九二四）の『経済学原理』（一八九〇年）――この本は、第八版（一九二〇年）まで版を重ね、ケインズ革命以前の正統派経済学のバイブルであった――と、L・ワルラス（一八三四―一九一〇）の『純粋経済学要論』（一八七四―七七年）においてほとんど完璧に分析されたし、一九三三年には、独占的競争市場（不完全競争市場とも言う）を見事に解明したE・H・チェンバリン（一八九九―一九六七）の『独占的競争の理論』とJ・ロビンソン（一九〇三―八三）の『不完全競争の経済学』が発表されている。しかし、寡占市場の経済学は、幾つかの先駆的な研究を除いて、まだ始まったばかりであった。

寡占理論の展開については、語るべき多くの事柄（フル・コスト原理、参入阻止価格、オックスフォード経済調査、等々）があるが、残念ながら、ここにはそれだけのスペースはない。しかし、それらの成果を十分に吸収したはずの現代経済学の入門書を読んでも、こと寡占となると、独占または独占的競争の理論を越えるものがほとんど提示されていないことに驚いてしまう。例えば、ポール・A・サムエルソンの『経済学』第十版（一九七六年）を繙くと、典型的な寡占の分析として次のようなものが提示されているに過ぎない（図4を参照）。

この寡占市場では、売手が、単純化のため、同質的な生産物を生産していると仮定されているが、そのような場合には、寡占者たちはお互いの「相互依存関係」（ある寡占者が、別の寡占者よりも価格を低くして利益を上げようとしても、別の寡占者もまた価格引き下げで仕返しをしてくるので、当初の利益は失われてしまうということ）を認識しているので、結局は、すべての寡占者の価格が同じ

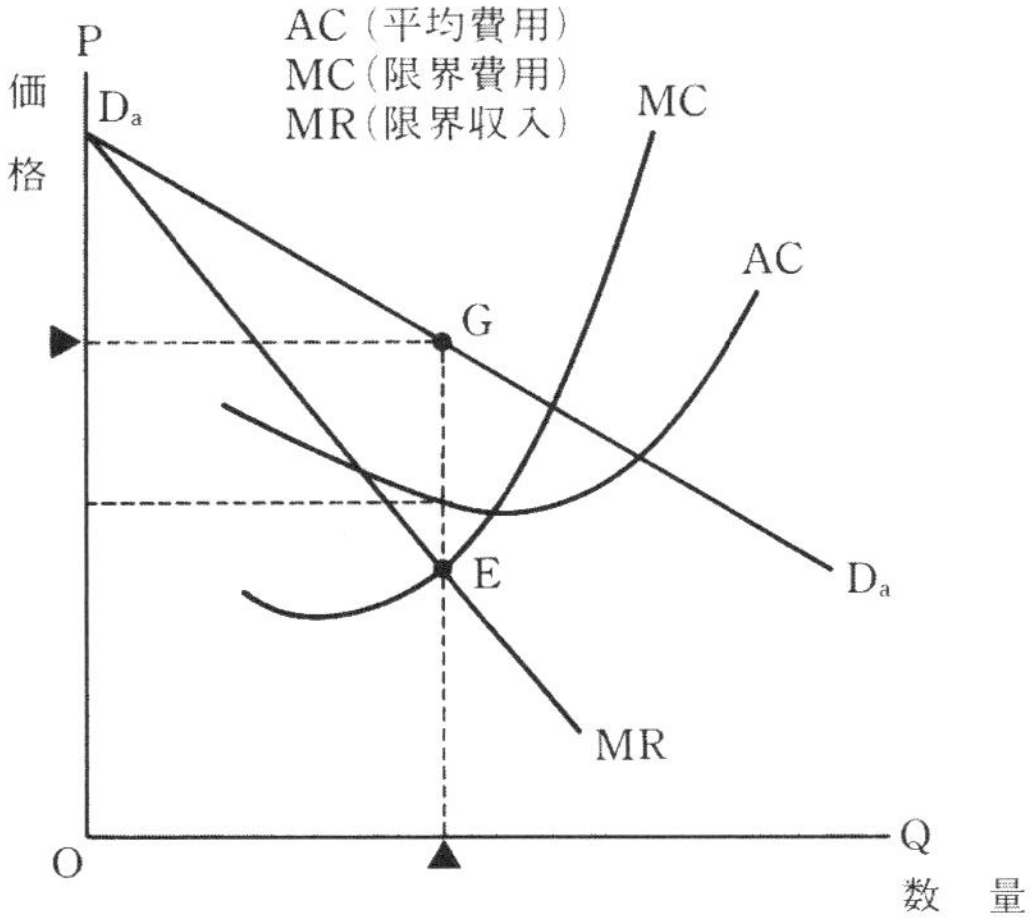

図4

水準に落ち着くだろう。そして、図4では、同じ規模の四つの企業（A、B、C、D）がそれぞれ市場の四分の一ずつを占めていると想定されている。したがって、寡占者Aの需要曲線D_aD_aは、産業全体の需要曲線DDと同じくらい非弾力的なものになるだろう。

寡占者Aにとっての極大利潤均衡点は、もちろん、MC（限界費用）およびMR（限界収入）両曲線の交点Eであり、価格はD_aD_a曲線上の点Gにある。図4を見れば明瞭に分かるように、価格はMCよりかなり高いところにあり、産出量はP＝MCで示される（完全競争における）効率的生産水準よりも低いところに押し下げられている。これが典型的な寡占だというのである。

しかし、このような考え方に対しては、一九四〇年代から強力な批判が提起されていたことを、ここで思い起こさなければならない。その代表者は、サムエルソンの先生であったシュンペーターである。まず、『資本主義・社会主義・民主主義』（一九四二年）における彼の言葉を聞いてみよう。

ところが一定時点をとらえ、たとえば寡占的産業――少数の大企業からなる産業――の行動をながめて、その内部での周知の運動と反運動とが高価格と生産量制限以外のなにものをも目的としないというふうに考える経済学者は、まさしくかような仮定〔創造的破壊の多年にわたる烈風が存在しないという仮定〕をおいているのである。彼らは、瞬間的な状態の与件を、あたかもそれに対しては過去も将来もないかのごとくに受け取り、これらの与件に関連せしめて利潤極大の原則をもってこれらの企業の行動を説明しさえすれば、それでまさに理解すべきものを理解しつくしたと思い込んでしまう。普通の理論家の論文や政府委員会の報告は、事実寡占的企業の行動を、一方では過去の歴史の一こまの結果として、他方ではただちに変化するにきまっている情勢に対処せんとする試みとして――足下からくずれ去ろうとしている地盤に立ちながら、なんとかしてまっすぐに歩こうとしているこれらの企業の試みとして――みようとはけっしてしない。別の言葉をもってすれば、ここでのほんとうの問題は、資本主義がいかにして現存構造を創造しかつ破壊するかということであるにもかかわらず、普通に考えられている問題は、資本主義がいかにして現存構造を操作しているかということにすぎない。このことが認識されないかぎり、研究者は無意味な仕事をしていることになる。それが認識されるや否や、資本主義的行動とその社会的結果とに関する彼の見方は著しく変化するであろう。

（中山伊知郎・東畑精一訳）

「創造的破壊」という言葉は、企業者による新結合（イノヴェーション）の遂行が経済体系に及ぼす衝撃を表現するためにシュンペーターが用いたものだが、教科書にあるような寡占市場の分析は、初めから資本主義経済の本質である「創造的破壊」を捨象した、「多年にわたる凪」の存在を仮定しているというのである。

シュンペーターがこんなことを言うのは、彼が正統派経済学の「競争」概念に疑問を持っているからである。経済学における競争といえば、第一に価格競争であり、次に品質競争や広告宣伝などが来るが、しかし、経済学者が考慮してきたのは、概して「生産方法不変」という条件の下での競争に過ぎない。ところが、シュンペーターにとっては、経済発展の原動力である新結合に絡んだ競争こそが最も重要なものなのである。さらに彼の言葉を聞いてみよう。

だが教科書的構図とは別の資本主義の現実において重要なのは、かくのごとき競争ではなく、新商品、新技術、新供給源泉、新組織型（たとえば支配単位の巨大規模化）からくる競争である。――この競争は、費用や品質の点における決定的な優位を占めるものであり、かつまた現存企業の利潤や生産量の多少をゆるがすという程度のものではなく、その基礎や生存自体をゆるがすものである。したがってこの種の競争は他のものに比してはるかに効果的である。それは、あたかも砲撃がドアを手でこじあけるのよりもはるかに効果的であるのに等しい。したがって普通の意味での競争がいくぶん迅速に機能するか否かは、どちらかといえばたいした問題ではなくなる。というのは、結局において生産量を拡大し、価格を引き下げる強力な梃子は、いかなる場合にも他の材料で作られているからである。

（中山伊知郎・東畑精一訳）

シュンペーターの主張は、単に企業の大規模化が即競争の不在と効率の犠牲に繋がるという正統派の思考法を批判したに留まらない。それどころか、彼によれば、むしろ大規模組織こそが、個々の場合や時点をとれば極めて生産制限的に見えるにもかかわらず、技術革新や経済進歩の最も強力な推進力になってきたというのだ。「完全競争はただに不可能であるばかりではなく、劣等なものであり、理想的能率のモデルとして設定さるべきなんらの資格をも有しないものである」――このような異端の思想は、ガルブレイスに大きな影響を及ぼしていく。例えば、彼は、『アメリカの資本主義』において、寡占体制の成立が効率の低下や社会的不公正をもたらすという考えを「まぼろしの不安感」と呼び、それに対してシュンペーターを彷彿させるような文章を書いているのである。

これまでわれわれの苦しみのゆえにわれわれを愛し給うた恵み深き神は、少数の大企業が支配する現代の産業を技術革新を誘発するのにまさに恰好なものにしている。大企業は技術開発のために必要な資力を十分に備えている。（新川健三郎訳）

しかし、ガルブレイスが寡占体制を積極的に評価する理由はこれだけではない。というのは、たしかに、寡占体制の成立とともに完全競争の世界は現実にはほとんど見られなくなったものの、従来の競争に代わって私的経済力を抑制する新しい力が生まれてきたからである。それが、ガルブレイスの言う「拮抗力」（countervailing power）である。彼は次のように言っている。

実際には、私的権力にたいする新しい抑制装置が競争にとって代り出現していた。それらは、競争を阻害し、破壊したのと同じ集中化の過程によって育まれた。だがそれらは市場の同じ側ではなく反対側に、競争者のあいだにではなく、顧客であれ仕入先であれ、まさに相手側に出現したのである。こうした競争とは対照的なものに何か名称をつけるのが便利であり、私はそれを拮抗力と呼ぶことにしたい。（新川健三郎訳）

例えば、強力なメーカーとしての大企業の支配力に対抗する強力な小売業者（チェーンストアやスーパーマーケットなど）、労働力の強力な買手としての大企業に対抗する強力な労働組合、等々。そして、ガルブレイスによれば、これらの拮抗力が有効に働くならば、独占や寡占の弊害はかなり取り除かれるというのである。

だが、拮抗力を育成するために、国家が積極的に関与する場合もある。例えば、ワグナー法による労働者の組織権や団体交渉権の保障、最低賃金法による未組織労働者の保護、農産物価格支持制度、等々。これらは、すべて、現にある私的な市場支配力の存在を否定できない以上、それに対抗する力を育成することによって経済の自動調整機能を補強すべきだという考え方から自然に導き出される諸政策に他ならない。

しかし、拮抗力は、経済にインフレ圧力が存在する場合には十分に機能しないという欠陥がある。なぜなら、例えば、拮抗力が買手によって行使される場合、インフレ圧力の存在は、売手に買手を選択する権利を与えるので、交渉力を売手に対して圧倒的に有利にするからである。だが、『アメリカの資本主義』を書いた頃のガルブレイスは、この問題が深刻になるという見通しを持つことはできなかったようである。

それにしても、経済的先見の明を誇る場合は、ほどほどで満足しなければならない。私はインフレが、永久的な条件らしいものになろうとは、全く予測しなかった。また拮抗力を発揮するためにつくりだされた組織——農業団体や労働組合——が対抗相手である企業もろとも、インフレの原因になろうとは、思ってもみなかった。正統派からの批判なら無償で切り抜けることはできるが、歴史の偉大な進行はそれよりはるかに手厳しい。

（ガルブレイス『回想録』松田銑訳）

それゆえ、拮抗力の概念は、『アメリカの資本主義』以降、しばらく姿を消してしまうのだが、交渉力が弱いものを強化するという考え方は、二十一年の後、『経済学と公共目的』（一九七三年）において形を変えて再登場してくる。しかし、これについては、第三章において触れることにしよう。

『アメリカの資本主義』を完成した彼は、今度は、後に『ゆたかな社会』（一九五八年）として発表されることになる仕事に取り掛かった。『ゆたかな社会』は、異端派経済学者としてのガルブレイスの名声を一躍高めた名著だが、それだけにその仕事は難航した。そこで、アーサー・M・シュレジンガーに勧められたこともあって、気晴らしに大恐慌の歴史を書いてみることにした。彼はこの仕事をとても楽しんだようで、書き上げた原稿を出版社に渡した時には、「かけがえのない親友にさようならを言っているような気がした」という。しかし、たまたま『大恐慌』（一九五五年）なる本を書いたために、彼はとんでもないことに巻き込まれることになった。

当時、証券市場ではブームが続いていたが、このブームが一九三〇年代のように破綻の前触れなのかどうかに人々の関心が集まっていた。そこで、上院の銀行通貨委員会が調査に乗り出すことになったわけだが、ちょうど時宜にかなったようにガルブレイスの本が出されていたので、彼が委員会での証言を求められることになった。

彼は、一九五五年三月八日（火曜日）の午前中、株式取引所公聴会の会合で証言を行なった。彼は、証言の終わりに、「歴史は繰り返すかもしれない」と示唆した。もっとも、何時そうなるかについての予言は差し控えたが。そして、予防措置の一つとして、マージン・リクアイアメント（証拠金率）の厳しい引締を提言した。ところが、彼が証言を行なっているうちに、実際、株式市場が急落したのだ。それからが大変であった。

ケンブリッジへ帰ってからの数日は、私の記憶にあるもっともおもしろい日々であった。電話がひっきりなしに鳴った――あまり立て続けだったので、私の秘書はくたくたになって家に帰ってしまい、あとは自分で応答しなければならなかった。……

電話ばかりか、証言の翌朝から始まって山のような郵便物が舞い込んできた。どれもこれもおもしろくもないものばかりだった。あるものは悪口だった。けんか腰の手紙はもっと多く、呪ったものも少なくなかった。けんか腰の手紙は、いろいろな形の肉体的暴力のおどしをかけてきた。私の妻は、フロリダのある男からきた五通の手紙が特に心配だと言った。どの手紙にも、私を殺すために北上中だとあったからである。私が（自分でよく確かめてから)、五通の手紙はいずれもパームビーチの消印であることを指摘すると、彼女の心配はやっとおさまった。

(『大恐慌』一九六一年版への序文、小原敬士・伊東政吉訳)

証言から二日後の朝、空が綺麗に晴れ渡っていたので、ガルブレイス夫妻は、不愉快なことすべてを忘れるために、ヴァーモント州のスノー山にスキーに行った。ところが、ガルブレイスは、スキー場で転んで足を折ってしまった。その「事件」が新聞記事になると、今度は、「公正で全能な神の存在にたいする自分たちの信念をいよいよ強めた人々」から手紙を受け取ったという。そのうち、株価は再び上昇し始め、ガルブレイス家への手紙の量は減っていった(しかし、話はここで終わったわけではない。ある保守的な上院議員が、株式市場を崩壊させることによって共産主義の実現を図った疑いで!? ガルブレイスを再喚問する意図を表明したからである。当時はもうジョゼフ・マッカーシーの政治生命は絶たれていたはずだが、アメリカの赤狩りムードはまだ続いていたのだろう。色々な経緯があって、結局、ガルブレイスは、再喚問を免れた)。

思わず脇道に逸れてしまうが、『大恐慌』は、ある文芸評論家が「『大恐慌』では、詩の言葉が歴史に使われている」と批評したように、とても美しい文章でもって綴られた名作だと思う。これ以後は、ガルブレイスのことを「名文家」と言っても誰も反対しないだろう。しかし、前に触れたように、彼は苦労してその境地に到達したのであって、最初から天才ではなかったことを改めて強調しておきたい。彼は偶像破壊者として知られているのだから、彼自身が偶像になってしまうのは決してよいことではないと思う。

第二章　異端の経済学

一　正統と異端

『ゆたかな社会』は、前に触れたように、異端派経済学者としてのガルブレイスの名声を飛躍的に高めた名著だが、しかし、一九三〇年代には、「戦闘的ケインジアン」として知られていた彼が、なぜ「異端派」に分類されるようになったのだろうか。ある見解によれば、異端の思想の芽は、ガルブレイスの価格統制官としての経験や『アメリカの資本主義』の中に見出されるという。この見解は、第一章で私たちも見てきたように、決して的外れではない。しかし、私は、幾つかの理由から、やはり『ゆたかな社会』の出版をもって、異端派経済学者ガルブレイスの誕生と考えている。しかし、その理由を述べる前に、まず、新たに「正統派」と呼ばれるようになった経済思想とはどんなものなのかを説明しておかねばならない。

ケインズ経済学の登場以前、経済学における正統派は、市場価格の自動調整機能を信頼した「新古典派経済学」と呼ばれるものであった。その根幹部分は、言うまでもなく、マーシャルとワルラスという二人の経済学者によって築かれた均衡理論であった。もちろん、正確には、マーシャルの部分均衡理論がワルラスの一般均衡理論とは違う考え方を含んでいたことを忘れてはならないけれども、両者とも「市場経済の論理」を均衡理論を武器にして解明しようとした事実には変わりがない(マーシャルとワルラスの違いについては、拙著『近代経済学の誕生――マーシャルからケインズへ』〔ちくま学芸文庫、一九九四年〕を参照のこと)。マーシャルやワルラスは、今日一部に言われているような「自由放任主義者」では決してなかったが、市場価格の自動調整機能への信頼が根本にある以上、ケインズの言葉を使えば、長期的には、「セイの法則」が妥当する世界に自然に戻るものと考えられていたのである。

しかし、一九三〇年代の大不況の経験は、市場価格の自動調整機能がある場合には全く信頼できないことを明らかにした。そこに登場したのが、ケインズの『一般理論』であった。ケインズの「有効需要の原理」は、第一章で説明したように、経済体系が自己調整的ではない(セイの法則は妥当しない)ことを論証したが、そこで彼は、経済が不況の底に陥らないようにするためには、政府が財政・金融政策その他を駆使して総需要管理を慎重に行なうべきだと主張した。そして、彼の「新しい経済学」は、若き情熱溢れる研究者たちを中心に「ケインズ革命」と呼ばれるほどの興奮を生み出したのである。当時、ハーヴァードで希にみる「神童ぶり」を発揮していたポール・A・サムエルソン(一九一五―二〇〇九)は、後年しばしば引用される文章において、いささか大袈裟にケインズ革命の衝撃を語ったものである。

わたくしはたえずそう考えてきたのだが、自分が一九三六年以前に経済学者として生まれ、そして古典派経済学の徹底的な手ほどきを受けたことを、なにものにもかえがたい利益と思っている。

最近の学生にとっては、適切にも「ケインズ革命」と呼ばれているものが、正統派の伝統のなかで育てられたわれわれのうえにおよぼした全影響を、実感することはまったく不可能である。こんにち初学者がしばしば陳腐であり明白であると考えることも、われわれにとっては謎のようであり、新奇であり、異端的であった。

一九三六年以前に経済学者として生を受けていたことは幸いであった。——然り。しかもあまりにも以前に生まれていなかったことが！

暁に生きてしあるは幸いなり
されどその身若くありしは至福なるべし！

『一般理論』は、南海島民の孤立した種族を最初に襲ってこれをほとんど全滅させた疫病のごとき思いがけない猛威をもって、年齢三十五歳以下のたいていの経済学者をとらえた。五十歳以上の経済学者は、結局のところ、その病気にまったく免疫であった。時がたつにつれ、その中間にある経済学者の大部分も、しばしばそうとは知らずして、あるいは認めようとせずに、その熱に感染しはじめた。

（サムエルソン「ケインズ卿と『一般理論』」宮沢健一訳）

ところが、第二次世界大戦後に恐れられた不況の再来も杞憂に終わり、アメリカ経済が再び順調に運行し始めると、今度は、ケインズ経済学と新古典派経済学を何とか「平和共存」させようとする経済思想が台頭してきた。このような思想の芽は、多くの人々が指摘したように、『一般理論』の最終章にあったが、それをより明確に定式化したのは、やはりサムエルソンである。彼は次のように主張した。すなわち、自由放任の世界では、例外を除いて完全雇用が自然に実現される傾向はないので、政府が総需要管理政策によってそれを実現すべく努力しなければならない。しかし、いったん完全雇用が達成されたならば、市場価格の自動調整機能を前提にした新古典派経済学が再び有効性を取り戻す、と。彼は、世界的なベストセラーとなった教科書『経済学——入門的分析』——第一版は一九四八年刊——の第六版（一九六四年）において、自らの立場を次のように要約した。

財政金融政策を適当に補強することにより、われわれの混合企業制度はブームやスランプの行き過ぎを避けることができ、また健全な前進的成長の展望をもつことができる。この基本的な点が理解されれば、小規模の「ミクロ経済学」を扱った古い古典派の原理からその関連性と妥当性の多くを奪ったパラドックスも、いまやその効力を失う。要するに、所得決定の近代分析をものにすれば、基礎的な古典派の価格付け原理の正しさも、ほんものとして確認されるのであって、経済学者はいまや、ミクロ経済学とマクロ経済学との間の大きな溝は埋められた、と言うことができるのである。（都留重人訳）

このような考え方を、「新古典派総合」と呼ぶ。アメリカのケインジアンの多くに支持されたこの立場は、一九六〇年代までには、経済学界の主流派となり、ケネディ政権の経済政策の作成にも大きな影響を及ぼすことになるが、この点は後の検討に譲ることにしよう。ここでは、ひとまず、このような経済思想が新たな「正統派」の地位を襲った事実を再確認するに留めたい。

さて、新古典派総合が新たな正統派の位置を占めると、当然、それに反対する者も出てくる。すなわち、一方で新古典派経済学のケインズ経済学との接合を拒否し、新古典派経済学を徹底させる道を選択する人々（F・A・フォン・ハイエクやM・フリードマンなど）が、他方で新古典派もケインズも共に問題を含んでいるとして第三の道を開拓しようとする人々（ガルブレイスはこの中に含まれる）が出現したのである。ただし、両方とも新たな正統派に対する批判者ではあるものの、真に「異端派」と呼びうるのは、後者のみだと思う。なぜなら、前者は、ケインズ以前の「古きよき時代」への復帰を主張しているという意味で、異端というよりはむしろあらゆる革命には付き物の「反動」に過ぎないからである。

まず、新古典派経済学の徹底化を主張する人々の中から、F・A・フォン・ハイエク（一八九九―一九九二）を代表に選んで、その考え方を見ていこう。

ハイエクは、オーストリア出身の経済学者・社会思想家で、LSE（London School of Economics）教授、シカゴ大学教授、フライブルク大学教授を歴任した後、一九七四年度のノーベル経済学賞の栄冠に輝いたが、その仕事は、大きくは経済学者としての前期と社会思想家としての後期に二分することができると思う。前期の代表作は、貨幣的景気循環論を展開した『価格と生産』（一九三一年）だが、これは何と大不況の原因を銀行信用の援助で過剰に進められた投資に求め、その対策としては信用の引締と貯蓄の増加を提言するという内容（ケインズ経済学の正反対！）を持った本であった。『価格と生産』は、わが国でも一九三〇年代には盛んに研究された本だが、しかし、それは、結局、大不況をより説得的に解明したケインズの『一般理論』の浸透を食い止めることができなかった。その後のハイエクは、経済学の仕事を全く手がけなかったわけではないが、後期には、どちらかといえば、自由主義哲学の研究と啓蒙の仕事に多くの時間を投入した。後期の代表作は、『自由の条件』（一九六〇年）だと思うが、アンソニー・クイントンによって「壮大なる恐竜」と批評されたことからも分かるように、それは古典的自由主義を擁護した著作として知られている。

古典的自由主義の理想に対するハイエクの確信は、一方ではケインズ経済学以後の完全雇用政策批判へ、他方では「偽の個人主義」（デカルト派の合理主義の流れを汲むもので、ケインズ主義もこれに含まれる）とは明確に区別された「真の個人主義」（D・ヒュームやA・スミスの流れを汲むもので、もちろん、ハイエクの社会哲学もこの系譜である）の擁護へと繫がっていくが、いずれも新古典派経済学を思想面で支えたものの再生を狙ったものであることは間違いない。

まず、完全雇用政策批判から説明しよう。ケインズ経済学の登場によって、有効需要の原理に基づく産出量や雇用量の決定メカニズムが明らかになると、人々は今度は政府による総需要の管理によって最大限の雇用の達成を目指すようになったが、このような考え方が初めて立法化されたのが、アメリカの「雇用法」（一九四六年）であった。しかし、目標としての完全雇用を追求していくうちに、中央計画の弊害やインフレ圧力の発生などのマイナス面も目立つようになった。

ハイエクによれば、たしかに、政府が財政・金融政策を通じて総需要を拡大するならば、一時的に雇用を拡大することは可能である。しかし、そのような人工的な刺激を加えていくうちに、かつて『価格と生産』において詳述されたように、必ずそれ以上維持することのできない点に到達するという。ハイエクが注目したのは、信用拡大の停止や時間選好の変化（過剰消費の発生）などであるが、いずれにしても、人工的に創られたブームの後にはより厳しい不況が訪れるとされた。それゆえ、彼は、総需要管理ではなく、「総需要の分布状態」と「労働と諸資源の配分状態」の間に食い違いが生じないようなミクロ的調整——そのためには、もちろん、妨害のない自由市場が前提にされる——の必要を訴えるのである。

また、完全雇用を追求する過程で次第にインフレの加速化という問題が生じてきたが、「所得政策」を例にとるまでもなく、それを価格や賃金の何らかの形の統制によって抑え込もうとする立場が力を得てきた。しかし、ハイエクによれば、価格や賃金の統制は自由市場の機能の停止と管理経済への移行のほんの一歩手前であり、それによって個人の選択の自由が大きく制限されるという。では、インフレが発生しないようにするにはどうすればよいかといえば、それは、『価格と生産』が説いたように、自発的貯蓄の増加以外によっては投資を拡大させないという方針を確立することなのである。ケインズ経済学は、投資がそれに等しい貯蓄を生み出すところに産出量（国民所得）を決定することを教えたが、ハイエクは、ここでも、貯蓄が投資を賄うという古典派以来の考え方に固執しているのである。

次に、「真の個人主義」と「偽の個人主義」の違いを説明しなければならないが、ここで「個人主義」と呼ばれているものは、ほぼ「自由主義」に等しいものだということを最初に注意しておきたい。ハイエクによれば、その個人主義には、「人間の諸事象にみられる大部分の秩序を諸個人の行為の予期せざる結果として説明する」十八世紀のイギリスの思想家（ヒュームやスミス）の系譜と、「発見できるすべての秩序が計画的な設計によるとする」デカルト派の合理主義者の系譜の二つがあるという（「真の個人主義と偽の個人主義」田中真晴・田中秀夫訳）。もちろん、前者が「真の個人主義」、後者が「偽の個人主義」に当たるものだが、その違いは、端的にいえば、人間理性に対する姿勢の違いにある。すなわち、前者が人間理性の弱さを認識しているのに対して、後者はそれを過信し、結局は、個人主義の反対物であるはずの社会主義や集産主義をもたらしたというのである。

ハイエクによれば、ケインズ主義もまた「偽の個人主義」の一つである。なぜなら、それは、経済社会をエリートの知性に基づいて自由に設計することができると考えているからである。しかし、このような「偽の個人主義」こそが、結局は、自由社会の否定に導くのだという。

個人主義がわれわれに教えることは、社会が個人よりも偉大であるのは、社会が自由であるかぎりにおいてだ、ということである。社会が統制されあるいは指導されるときには、社会は社会を統制し指導する個人の知性に限定される。もしも、個人の理性によって意識的に統制されるのでないものは何であれ、尊敬しようとしない現代的知性の不遜さがまだ間にあううちに止まるべきところを学びとらないならば、エドマンド・バークがわれわれに警告したとおりに、「われわれをとりまくすべての事物が小さくなっていって、ついにはわれわれの関心事がわれわれの知性の容積にまで縮まるであろうと確信させられる」かもしれない。

（田中真晴・田中秀夫訳）

これに対して、ガルブレイスの立場は、どのようなものだろうか。若い頃の彼は、たしかに、最も早い時期にケインズ革命に積極的に身を投じた一人だったが、ケインズ経済学が受け入れられていく過程で、早くもその問題点に気づくようになった。それは、政府が総需要を管理することによって高水準の産出量と雇用量を確保できたとしても、それが必ずしも福祉の増大には繫がらない場合があるというものである。

ガルブレイスの主張は、後に詳しく紹介していくつもりだが、ひとまずかい摘んで言うと、次のようになるだろうか。すなわち、現代の経済社会では、民間企業が宣伝や広告などの活動を通じて消費者の欲望を積極的に創り出しているという意味で、「消費者主権」は形骸化してしまった。このような「依存効果」が存在するようになると、生産の増加が即福祉の増大に繫がるとは言えなくなる。なぜなら、それは、消費者にとって元々あまり重要でない「創り出された欲望」を満たすためのものかもしれないからだ。また、「依存効果」は、民間部門に強力に作用するものだから、資源配分が公的部門を犠牲にして民間部門へ偏るようになり、「社会的アンバランス」が生じる、と。つまり、「依存効果」というアイデアを使いながら、彼は、一方でケインズ政策の問題点を突き、他方で自由市場の限界を指摘しているのである。私が前に第三の道と特徴づけた所以である。

しかし、推測するに、彼がこのような立場に到達するまでには、偉大な先人たちの知恵に学んだはずである。その中でも、私はヴェブレンとシュンペーターの二人の影響が重要だと思う。

ヴェブレンの『有閑階級の理論』という本については、前にも少し触れたが、彼はそこで「顕示的消費」(conspicuous consumption)という言葉を使いながら、一定の予算制約の下に効用を極大化させるという正統派の消費理論では捉え切れない「有閑階級」の消費行動を暴露した。もちろん、ヴェブレンの考え方は、有閑階級がその豪勢な消費に耽るという行動を通じて自らの地位をそのような余裕のない他の人々のそれとは違うものとして「差別化」する現象を突いたものなので、生産者が消費者の欲望を操作するという「依存効果」の議論とは自ずから異なっている。しかし、両者がともに、「自律性」を失った消費行動に焦点を合わせていることには変わりがない。若い頃のガルブレイスが、ヴェブレンを熱心に読んだことは周知の事実だが、「老年」に到達しても、「この本〔『有閑階級の理論』〕を読むと、勤勉な読者は、経済の世界をそれまでと同じように見ることがとうていできなくなる」（『経済学の歴史』鈴木哲太郎訳）と持ち上げているところを見ると、ヴェブレンに対する彼の思い入れが並々ならぬものであることを改めて痛感する。

ヴェブレンと同じくらい、シュンペーターの影響も決して小さくない。シュンペーターの『経済発展の理論』（一九一二年）は、企業者の新結合（イノヴェーション）の遂行が経済発展の原動力であることを説いた名著だが、「企業者精神」を重視する彼の筆は、経済発展における消費者主権の否定にまで及んでいる。彼の言葉を聞いてみよう。

……経済における革新は、新しい欲望がまず消費者の間に自発的に現われ、その圧力によって生産機構の方向が変えられるというふうにおこなわれるのではなく——われわれはこのような因果関係の出現を否定するものではないが、ただそれはわれわれになんら問題を提起するものではない——、むしろ新しい欲望が生産の側から消費者に教え込まれ、したがってイニシアティヴは生産の側にあるというふうにおこなわれるのがつねである。
（塩野谷祐一・中山伊知郎・東畑精一訳）

ガルブレイスは、私見では、シュンペーターから実に多くを学んでいるはずだが、意外にも、彼の文章にシュンペーターを賛美したものは少ない。『回想録』には、ハーヴァード時代のシュンペーターが言ったという反動的名言「一人の召使は千台の機械に勝る」などが紹介されているが、こんな誤解を招きやすい言葉を引用されては、シュンペーターに対してあまりにも酷というものだろう。しかし、スペースの関係から、シュンペーターについてこれ以上深入りすることは控えなければならない。もっと彼に関心のある方は、伊東光晴（京都大学名誉教授）と私の共著『シュンペーター――孤高の経済学者』（岩波新書、一九九三年）をお読み頂きたい。

二　依存効果と社会的アンバランス

『ゆたかな社会』の「異端」たる所以は、いま説明した通りだが、ガルブレイスにとって、この名著を書き上げるまでには、随分と長い「懐妊期間」が必要だったようである。しかし、いったん本の構想がまとまると、彼の筆は自由自在に動くようになった。『回想録』には、「私は度々、私が書いているのではなく、本が自分で書いているような気がした」とある。しかも、完成された『ゆたかな社会』は、世界的なベストセラーとなったのである。

『ゆたかな社会』の最も重要なキーワードが「依存効果」と「社会的アンバランス」であることは前に触れたが、彼はこの二つの造語を駆使して、経済学界の「制度的真実」——彼はこれを「通念」(conventional wisdom) と呼んでいる——の虚構性を突こうとする。

まず、取り上げるべき通念は、「消費者主権」の考え方である。これは、簡単に言えば、企業の生産活動が究極的に消費者の嗜好や選択によって規定されるというものだが、しかし、このような考え方は、消費者の欲望が生産者による宣伝や販売術によって積極的に創造されているという現実を全く無視している。ガルブレイスは、前にも触れたように、「消費欲望を満足させる過程自体によって消費欲望がつくり出される」ことを「依存効果」(Dependence Effect) と呼んだが、留意しなければならないのは、依存効果という現象が「ゆたかな社会」に固有のものだということである。

かつてケインズは、私たちの必要を、「絶対的な必要」と「相対的な必要」の二つに分けた(「わが孫たちの経済的可能性」宮崎義一訳)。前者が「仲間の人間の状態の如何にかかわらず感じる」ような必要という意味で飽和させうるのに対して、後者は「その充足によって仲間たちの上に立ち、優越感を与えられる場合にかぎって感じる」ような必要という意味で際限がないものである。社会が豊かになるにつれて、前者よりも後者がより大きな比重を占めるようになることは言うまでもないが、ガルブレイスの「依存効果」は、まさにこの後者に対して強力に働くものなのである。ガルブレイスは、次のように言っている。

欲望が宣伝や販売術や外交員の巧妙な主管によって合成されうるという事実は、その欲望がそれほど差し迫ったものではないことを示している。本当に飢えている人は、食物の必要について聞かされる必要はない。彼が食欲を感じていれば、バテン、バートン、ダースティン、オズボーンなどの宣伝会社の影響に動かされることはない。不自由する物がなくて、何が不足しているかわからないような人に対してのみ、宣伝は有効にはたらくのだ。このような状態にある人だけが説得に耳を貸すのである。

(『ゆたかな社会』鈴木哲太郎訳)

「依存効果」が消費者にとってあまり差し迫っていない必要を喚起することにかかわっているという事実は、「依存効果」を当てにして生産されたものの総額（例えば、ＧＮＰやＧＤＰの概念を想起せよ）がいくら高くても必ずしも人々の福祉が向上したとは言えないという主張へと繋がっていく。思い起こせば、わが国で「経済成長の対価」としての公害問題の深刻さから「くたばれＧＮＰ」というスローガンが叫ばれたのは、ようやく一九七〇年代に入ってからだったが、このことからも、ガルブレイスの問題提起が時代をはるかに先んじるものだったことが分かるだろう。彼の言葉を聞いてみよう。

財貨に対する関心は消費者の自発的な必要から起こるのではなく、むしろ依存効果によって生産過程自体から生まれる。生産を増加させるためには欲望を有効にあやつらなければならない。さもなければ生産の増加は起こらないであろう。すべての財貨についてこういえるわけではないが、大部分の財貨についてそういえるということで十分である。このことから考えると、このような財貨に対する需要はあやつらなければ存在しないのだから、それ自体の重要性または効用はゼロである。この生産を限界生産物と考えれば、現在の総生産の限界効用は、宣伝と販売術がなければ、ゼロである。生産こそをわれわれの社会の中心的な業績とみなす態度や価値観というものは、まさにひどく歪曲された棖の上に立っているといわな

ければならない。（鈴木哲太郎訳）

ガルブレイスの「依存効果」の議論を聞いていると、十九世紀末のフランスで、もちろん、彼とは違った文脈において、やはり「欲望の他律化」に類似の問題を論じたエミール・デュルケーム（一八五八—一九一七）の『自殺論』（一八九七年）のことを思い起こしてしまう。デュルケームによれば、十九世紀以前の世界では、宗教・世俗的権力・同業組合などによる「道徳的権威の体系」が、産業上の諸関係を厳格な規制の下に置き、欲望の昂進を抑制してきたが、その後、自由放任主義の普及に伴って、産業上の諸関係は様々な規制から解き放たれるようになった。しかし、欲望の昂進が進むようになると、やがてそれは「アノミー」と呼ばれる無規制状態をもたらし、人間を自殺にまで追い込むかもしれないというのである。彼は次のように言う。

階級の上下を問わず、欲望が刺激されているが、それは最終的に落ち着くべきところを知らない。欲望の目指している目標は、およそ到達しうるすべての目標のはるか彼方にあるので、なにをもってしても、欲望を和らげることはできないであろう。その熱っぽい想像力が可能であろうと予想しているものにくらべれば、現実に存在するものなどは色あせて見えるのだ。こうして、人は現実から離脱するのであるが、さて、その可能なものが現実化されると、こんどはそれからも離脱してしまう。人は、目新しいもの、未知の快楽、未知の感覚をひたすら追い求めるが、それらをひとたび味わえば、快さも、たちどころにして失せてしまう。そうなると、少々の逆境に突然おそわれても、それに耐えることができない。そして、そのような熱狂が醒めてしまうと、人はその狂奔がいかに不毛なものであったかに気づき、新奇な感覚をいくら積み重ねてみたところで、それが幸福の確固たる元手――それによって人は試練の日々にも耐えることができる――とはなりえないことを悟る。賢明な者ならば、獲得した成果を別の成果に取り替えていきたいという際限のない欲求をいだかず、得られた成果を喜んで受け入れることを知っているので、困難な時がおとずれても、生にむすびつくべき理由をそこにみいだしていく。ところが、いつも未来にすべての期待をかけ、未来のみを見つめて生きてきた者は、現在の苦悩の慰めとなるものを、過去になにひとつもっていない。彼にとっては、過去とは、焦燥のなかに通りすぎてきた行程の連続にすぎないからである。彼を盲目にしてしまったのは、ほかならぬ、いまだ出会ったことのない幸福がやがては見つかるであろうとつねに当てにしてきたこと、そのことである。しかし、ここにおいて、その歩みはとめられてしまった。そうなると、かれの歩んできた後にも先にも、もはやその目をひくことのできるようなものは存在しない。そのうえ、果てしなくなにかを追い求めることは、いつかはむなしいことと感じられるようになるので、つのる疲労は、それだけでも幻滅をまねくのに不足はない。

（宮島喬訳）

この文章は、企業の宣伝や販売術には一切触れていないので、厳密には、ガルブレイスが見た「依存効果」とは区別されなければならないけれども、後者の考え方をそれに補足しながら読んでいくと、もっと分かりやすくなるように思う（実際、社会学者の宮島喬・お茶の水女子大学名誉教授は、以前から、両者の問題意識の類似性を指摘してきた）。

消費者主権の次に取り上げられる通念は、「社会的バランス」である。これは、妨害のない自由市場に任せていれば、諸資源は自ずと民間部門と公的部門の間にバランスよく配分されるという考え方だが、しかし、「依存効果」が民間部門に強力に作用している以上、どうしても諸資源は民間部門に優先的に配分されやすいという傾向がある（すなわち、「社会的アンバランス」の発生）。「社会的アンバランス」の事実は、ガルブレイスによって、次のように巧妙に描写されているので、引用してみよう。

この対照が明らかなことは、それについて書いてあるものを読むまでもない。ある家族が、しゃれた色の、冷暖房装置つきの、自動操縦・自動ブレーキ式の自動車でピクニックに行くとしよう。かれらが通る都会は、舗装がわるく、ごみくずや朽ちた建物や、広告板や、とっくに地下に移されるべき筈の電信柱などで、目もあてられぬ状態である。田舎へ出ると、広告のために景色もみえない。（商業宣伝の広告物はアメリカ人の価値体系の中で絶対の優先権をもっている。田舎の景色などという美学的な考慮は二の次である。こうした点ではアメリカ人の考え方は首尾一貫している。）かれらは、きたない小川のほとりで、きれいに包装された食事をポータブルの冷蔵庫からとり出す。夜は公園で泊まることにするが、その公園たるや、公衆衛生と公衆道徳をおびやかすようなしろものである。くさった廃物の悪臭の中で、ナイロンのテントを張り、空気ぶとんを敷いてねようとするときに、かれらは、かれらに与えられているものが奇妙にもちぐはぐであることを漠然とながら考えるかもしれない。はたしてこれがアメリカの特質なのだろうか、と。（鈴木哲太郎訳）

実に手の込んだ文章だが、『回想録』によれば、ガルブレイスは、この一節を削除すべきかどうか長い間悩んだ末に結局は残すことにしたという。「ところがそこが、本の中でいちばん引用される箇所になった」（松田銑訳）。

文章に凝り過ぎることは、経済学界ではあまり歓迎されないようだけれども、自分の文章に自信を持つようになったガルブレイスにとっては、一文でさえ疎かにできないものなのだろう。

さて、これまでの説明から明らかなように、「依存効果」は「自立的に決定された消費欲望」という消費者主権の虚構性を突くばかりでなく、諸資源を民間部門に優先的に配分することによって「社会的アンバランス」の原因にもなる厄介なものであった。しかも、強力な「依存効果」に惑わされた消費者が、欲しいものを手に入れるために消費者金融まで利用するようになると、経済には一段と不安定要因（例えば、消費需要の安定性の崩壊やインフレ圧力の発生など）が加わることになるだろう。

そして、インフレの発生は、さらに「社会的アンバランス」を拡大させる原因にもなる。ガルブレイスは、その理由として、次の二つを挙げる。第一に、インフレ期には公務員の給与が民間産業のそれに後れをとる傾向があり、そのことが官公庁から民間産業への職の移転をもたらしてきたことである。第二に、大都市における公的な仕事の必要性が、人口増加・都市化の進展・ゆたかさの増大などによって飛躍的に高まっているにもかかわらず、地方自治体の収入のかなり大きな部分が固定資産税に依存しているために、インフレ期にはどうしても収入が後れをとってしまうことである。

では、「社会的アンバランス」が顕在化している現状をどのように改革すればよいのだろうか。ガルブレイスの改革案の一つは、消費財とサービスのすべてをカバーする「売上税」の利用である。つまり、売上税によって依存効果に惑わされた消費を抑制し、その収入を今度は公的部門に投入せよというのだ。彼は次のように言っている。

私的財貨をより高価にすることによって、公共的財貨をもっと豊富にすることである。映画、テレビ、ラジオ、タバコをより高価にすることによって、学校にもっと金をまわすことができる。石鹼、洗剤、真空掃除機を買う場合に余計に支払うことによって、都市をもっときれいにし、それらのものを少ししか使わないですむようにすることができる。自動車とガソリンをもっと高くすることによって、自動車がその上を通るもっと快適な道路と街路をつくることができる。食料品は比較的安いから、それに課税することによって、医療は改善され、よりよい健康状態で食料を享受することができる。この端的な解決策のもう一つの利点は、売上税は州や市町村によってかなり能率的におこなうことができるということである。社会的バランスの問題がとくにひどいのは州や市町村の政府によるサービスにおいてである。生産の増加に伴って売上税の税収が増える。私的財貨に対する欲望がでっち上げられるにつれて、公的目的のための収入が増えるのだ。売上税に代わりうる主な財源は一般固定資産税であるが、これは硬直的で、伸縮性に欠けている。所得と生産の増加に伴う公共的サービスをも含めて、サービスを増やすためには、通常その税率を上げなければならないが、増税の必要を証明するのはとくに厄介である。したがって一般固定資産税は社会的バランスにはあまり役に立たない。

（鈴木哲太郎訳）

売上税の導入は容易ではないかもしれない。しかし、「今や最高の発展段階に達したマスコミの力は、社会の耳目をより多くのビールに向けるけれども、より多くの学校には向けない」というような現状を放置しておいては、さらに「社会的アンバランス」が拡大するだけだろう。ガルブレイスは、そうならないためにも、いまこそ国民の意識の変革が必要だと考えているのである。

第二の改革案は、インフレを抑制するための「価格・賃金の公的審査制」である。インフレ対策としては、もちろん、その他にも、財政支出の削減や増税、金融引締なども考えられるが、それらはそれぞれに問題を抱えている。例えば、増税が政治的な理由から支持されにくい一方で、財政支出の削減は、完全雇用の実現を困難にし、経済的保障を脅かす、というように。また、金融引締は、投資や消費にマイナスの影響を及ぼす上に、その効果が差別的であるという問題がある（高金利は、内部金融方式が普及した大企業にはほとんど影響を与えないが、外部の資金に依存せざるを得ない中小企業には大きな負担を加えるだろう）。そこで、ガルブレイスは、「経済の中で高度に組織化された部門」（大企業と強力な労働組合が対峙する部門）を対象とする「価格・賃金の公的審査制」を導入すべきだと主張する。

適当な機構は、労働者、使用者、公共の三者代表が出席する何らかの形の公的審査である。その管轄は、大きな組合と使用者、すなわち組織された部門に限られることになろう。賃金交渉の決着でも価格上昇を必要としないものは承認を要せず、その後に価格引上げの理由にすることはできないものとする。賃上げが価格引上げを必要とする場合、または当該産業が吸収しうると判定される金額を超える場合は、承認を要する。吸収されえず、しかも無理に吸収すれば不公平になるような賃金交渉の決着は、否認され、またもちろんそれに伴う価格の引上げも否認される。この統制は、限定された範囲で適用されるべきであるとしても、強い意図を持って、まじめに運営され、しかも永続的であるべきものである。

（鈴木哲太郎訳）

ガルブレイスの「価格・賃金の公的審査制」は、一種の「所得政策」だが、当然に予想されるように、自由市場に全般的な信頼を置く人々（例えば、ハイエクやフリードマン）には、極めて評判の悪い政策の一つである（因みに、新古典派総合の擁護者たち──例えば、サムエルソンやトービン──も、決して所得政策の採用に敵対的ではないが、しかし、直接統制を伴うような強いものは、緊急事態を除けば、みだりに適用されるべきではないと考えている。彼らとガルブレイスの間の違いは、強いて言えば、ガルブレイスの方が所得政策をより永続的なものであるべきだと考えていることだろうか。彼らの考え方は、ケネディ政権の「ガイドポスト政策」に影響を及ぼしたが、これについては、後にまた取り上げることにしたい）。

ハイエクのような「自由至上主義者」にとっては、推測するに、『ゆたかな社会』は、「新しい社会主義」を説く誤謬に満ちた本に見えるのではないだろうか。実際、彼は『ゆたかな社会』の短い書評（「「依存効果」の不合理な推論」一九六一年四月）を書いているが、それを読んでも、ガルブレイスの主張の基礎にある「依存効果」の推論を全く否定しているのが分かる。もっとも、「依存効果」の推論に否定的といっても、彼は消費者の欲望が企業の宣伝や販売術によって操作されていることを認めないのではない。それどころか、私たちの欲望の多くは、もし私たちの文化的遺産がなかったならば知りもしなかっただろうという意味で後天的なものである。例えば、私たちは教育を通じて優れた文学・芸術・音楽などの諸作品の価値を知り、それらを求めるようになるが、そのような欲望が生得的なものではないからといって、それらの価値を否定することがどうしてできようか、と。

ハイエクは、「依存効果」や「社会的アンバランス」の概念の背後に、たとえ「強制」という手段に訴えてでも、諸資源をガルブレイスのような「社会主義者」が承認するような方向に配分する政治的権力の存在を嗅ぎ取っているようである。しかし、「最大の政治的善、すなわち、平和、自由、および正義というものは、その本質上、消極的であり、積極的な贈り物であるよりむしろ侵害に対する保護なのだ」(「デイヴィッド・ヒュームの法哲学と政治哲学」田中真晴・田中秀夫訳)というヒュームの洞察に固執するハイエクは、決してガルブレイスの思想を認めないだろう。誰かが言ったように、どんな経済思想も簡単に死ぬことはないのだ。

三　ケネディ政権の内と外

『ゆたかな社会』の出版によって、異端派経済学者としてのガルブレイスの名声は一躍高まったが、しかし、彼は生来の「政治好き」で、決して象牙の塔の経済学者では満足しなかった。例えば、民主党支持者の彼は、大統領選挙がある度に同党の候補者の応援に走り回ったが、やはり特筆すべきは、一九六〇年、ジョン・F・ケネディ（一九一七―六三）が接戦の末に共和党のリチャード・M・ニクソンを破って大統領の地位を手に入れたことだろう。ガルブレイスは、結局、ケネディ政権の駐インド大使に任命されることになるが、経済政策の舵取りには重要なポストである経済諮問委員会委員長のポストは与えられなかった。その理由は、おそらく、彼の異端の経済思想がそのままの形では大統領には受け入れられなかったからだろう。実際、『回想録』にも、それを示唆するような文章が見られる。

ケネディは、私を自分の政府に入れることは喜んだが、しかしそれもインドぐらいの、適当な距離を置いての話であった。そのくらい離しておけば、今やいろいろな点ですこぶる旗色鮮明な私の経済学説と同一視されすぎる心配がなかったから。彼の大統領候補指名獲得後の最初の記者会見でも、ケネディと民主党は『ゆたかな社会』の思想を信奉するものと考えていいかという質問が出た。ケネディはそれを、まことに見事にかわした。（松田銑訳）

しかし、転んでもただでは起きないと言うべきか、ガルブレイスは、後に、『大使の日記』（一九六九年）という本を書いて、インドでの自らの大使ぶりを披露した。

さて、問題の経済諮問委員会委員長のポストは、サムエルソンが丁重に辞退したので、結果的には、ウォルター・W・ヘラー（一九一五―八七）のところに回ってきた。そして、彼の下に、二人の委員（ジェームズ・トービンとカーミット・ゴードン）が働くことになった。これらのメンバーは、すべて、新古典派総合を説いたサムエルソンの直接または間接の影響下にある者ばかりと言っても過言ではない。

経済諮問委員会に入るまでのヘラーは、ミネソタ大学の教授だったが、元々は、ウィスコンシン大学で財政学の博士号を取得した、どちらかと言えば地味な経済学者であった。しかし、彼は自分に与えられた委員長の仕事を、実に精力的にこなした。後から見れば、あらゆる意味で多忙すぎるサムエルソンよりも、ヘラーの方がその仕事には向いていたのだと思う。

ところで、ケネディの時代、ジャーナリズムでは、「ニュー・エコノミックス」という言葉が使われたが、これは新古典派総合の別名と言ってよかった。つまり、自由市場は決して否定しないが、自由放任の世界では、自ずから完全雇用が実現されることはないので、ケインズ経済学の教えに従って、政府が総需要を管理し、完全雇用を実現しようというわけである。

ケネディは、そのために、財政赤字が生じるのを覚悟で積極的に減税を行なおうと決意した（ただし、減税が実施されたのは、ケネディが暗殺された後の一九六四年のことだったが）。アメリカのケインジアンにとって、新時代を画するように思えたのは、ケネディが、一九六二年六月十一日、エール大学で行なった講演「経済的討論の神話」を聴いた時だったという。なぜなら、ケネディが、その講演の中で、財政赤字がインフレを生み、財政黒字がインフレを防ぐという古くからある見解は全く誤謬だと言い切ったからである。私たちは、いまでも、ケネディの側近だったセオドア・C・ソーレンセンが編集したケネディの講演集（*"Let the Word Go Forth,"* 1988）でその内容を容易に知ることができるが、それを読むと、ケネディの若々しい情熱が直接伝わって来るようで実に感動的である。人物としてのケネディについては、現在、色々な欠陥が指摘されているけれども、政治家ケネディが、優秀なブレーンたちの勧告に助けられながら、新鮮な感覚で国民に直接語りかけようとした事実だけは消えないと思う。

ニュー・エコノミックスは、ある段階までは、見事な成果を収めた。ケネディからジョンソン政権にかけて、経済成長率は四％台となり、失業率は六％から三％まで下がったにもかかわらず、物価上昇率は一―二％程度に留まった。今から思えば、この時期は「現代経済学の黄金時代」だった。しかし、まもなく泥沼にはまり込んだヴェトナム戦争とジョンソン大統領の誤った判断が、アメリカ経済を順調な成長経路から外してしまうことになるのである。その辺の事情を、ヘラーは次のように語っている。

一九六六年、総需要の過剰という最初の危険信号が現われたとき、ジョンソン大統領は、直ちに議会に増税を要請すべきであるとする経済諮問委員たちの一致した答申に従おうとはしなかった。かれは膨大な東南アジア戦費をすべてあからさまにするような財政論争を避けたかったのだ。ジョンソンの決意の遅れと議会の抵抗とで二年半が経過したのちに、やっと増税にこぎつけることができたのは一九六八年七月であった。一方、国防省はいつも決まってヴェトナム戦費の予想値を過小評価していた。こうして、インフレ抑制策は遅きに失すると同時に不十分なものとなってしまった。

（A・レービ『経済学はどこへ行く』上原一男訳）

ジョンソンは、決して無能ではなかったが、「偉大な社会」計画の諸法案を通すために意識的に国民に嘘をついたふしがある。マクナマラ国防長官も同様である。D・ハルバースタムの取材によれば、ジョンソンは、友人に次のように語っていた。「経済のことはあまりわからないが、しかし、議会のことはよく知っているつもりだ。いまなら〝偉大な社会〟を通過させることができる。いまは絶好の機会だ。議会との折り合いもよい。だが、いま戦争経費の話題を持ち出した

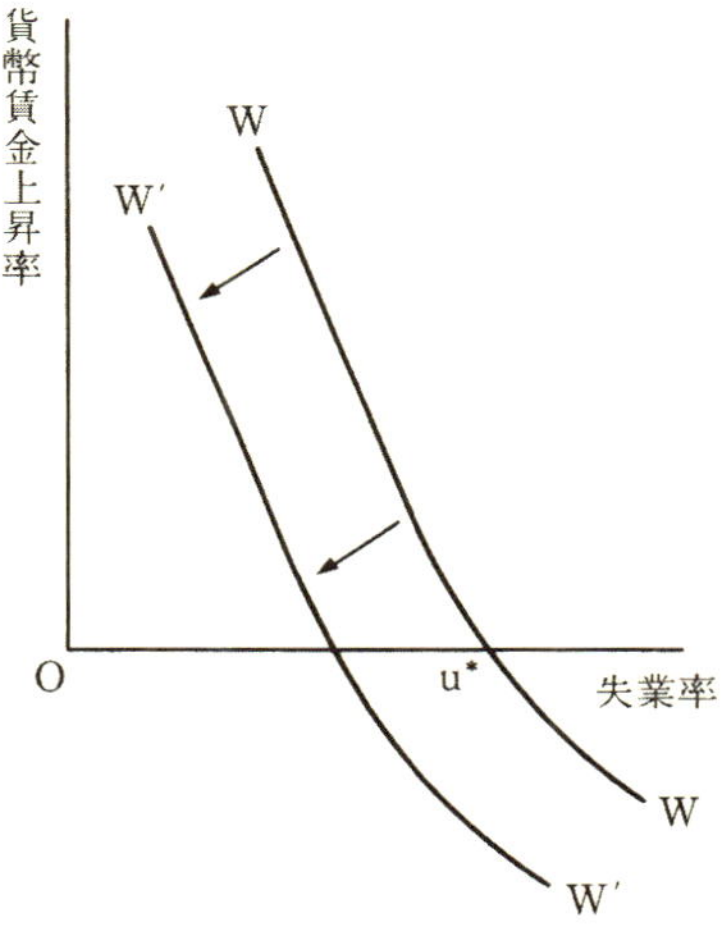

図5

ら、〝偉大な社会〟も税法案も通過しないだろう。歳入委員会のウィルバー・ミルズが、〝偉大な社会〟にのしをつけて送り返し、議会は戦争のためなら必要なだけの支出を認める、といってくるに違いない」と（『ベスト＆ブライテスト』浅野輔訳）。

それゆえ、ハルバースタムは、「経済を破壊したのは戦争そのものではない。破壊の原因は、戦争の進め方に見られた不正直さであった」という厳しい評価を下すことになるのだが、そんなこともあって、インテリの中には、今でもケネディの時代を懐かしく回顧する人が少なくないのかもしれない。

さて、少し横道に逸れたが、新古典派総合は、前に触れたように、インフレ対策として「ガイドポスト政策」という一種の所得政策を勧告していた。それは、具体的には、貨幣賃金上昇率を生産性上昇率内に抑える政策のことだが、サムエルソンを初めとする新古典派総合論者たちは、それをより好ましい「フィリップス曲線」へのシフトという風に表現した。フィリップス曲線とは、貨幣賃金上昇率と失業率の間の逆比例の関係（失業率が低い時には貨幣賃金上昇率が高く、逆に失業率が高い時には貨幣賃金上昇率が低い）を示した曲線のことだが、図5に見られるように、彼らは所得政策の採用によってフィリップス曲線のWWからW′W′へのシフトを狙ったわけである＊。

＊　図5のu^*に当たる失業率は、「自然失業率」と呼ばれる。これは、自発的失業者と摩擦的失業者の合計が全労働人口に占める割合のことだが、この概念を使うと、フィリップス曲線は次のように表現することができる。すなわち、

$$\Delta W / W = -\lambda (u - u^*) \quad \lambda > 0$$

ここで、Wは貨幣賃金率、uは現実の失業率、λは労働市場の需給状況に対する賃金の反応度を指している。つまり、現実の失業率が自然失業率よりも低く（高く）なると、貨幣賃金上昇率に上昇（下降）圧力がかかるというわけである。

なお、フィリップス曲線は、貨幣賃金上昇率ではなく物価上昇率と失業率の間の関係を表わすものとして提示されることもある。

ケネディ政権の「ガイドポスト政策」を語るには、どうしても当時の鉄鋼価格引き上げ問題を

取り上げなければならない。ケネディは、経済成長を追求する過程で物価が急騰することを何よりも恐れていたが、特に、彼にとっての悩みの種は、一九六一年の秋にも予想されていた鉄鋼価格の引き上げがインフレの引き金を引いてしまうのではないかということだった。そこで、彼は、鉄鋼労組の代表者とアメリカ最大の鉄鋼メーカーＵＳスチールの代表者の双方に対して、賃上げを生産性の上昇率内に収めるように努力して欲しいと訴えた。ケネディの説得のおかげで、労使交渉は一時間当たり約十セントの賃上げという線で妥結した。ところが、その後、ＵＳスチールが抜き打ちに一トン当たり六ドルの鉄鋼価格値上げを発表した。

ケネディは怒った。一九六二年四月十一日、彼はさっそく声明を発表し、ＵＳスチールの理不尽な値上げ決定を批判した。

……アメリカ国民は、私と同じように、ほんの一握りの鉄鋼会社の重役が公共の責任のセンスを逸脱するほど私的権力と利潤を追求し、一億八五〇〇万のアメリカ国民の利益をこのように全く侮辱するような状況を受け入れることは難しいと感じるだろう。

同時に彼は、ＵＳスチール以外の鉄鋼会社（インランド・スチール社）を説得し、ＵＳスチールに追従しないことを約束させた。その後、その他の鉄鋼会社も値上げをしないことを発表した。結局、「外堀」を埋められたＵＳスチールは、値上げを断念することを発表せざるを得なかった。

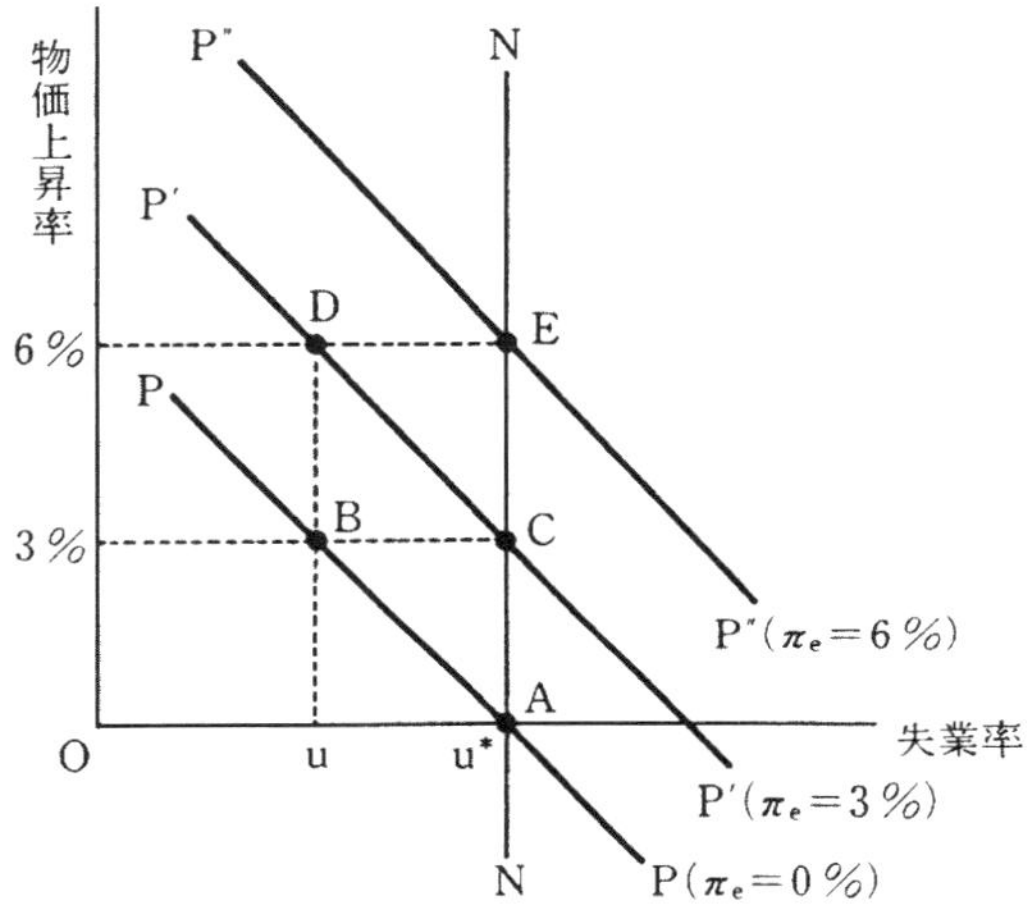

図6

ケネディは勝ったのである。

このエピソードも、やはり「黄金時代」を懐かしむ人が若者に語りたがるものの一つだが、しかし、前に触れたように、ヴェトナム戦争の長期化とインフレの加速化が新古典派総合の権威を著しく貶めていくのである（一九五〇年代のインフレ率は高々二%程度に過ぎなかったが、一九六〇年代の後半には四%台、七〇年代前半には六%台、そして七〇年代後半には九%台へとそれは急速に加速化していった）。特に、「インフレ期待」の蔓延は、フィリップス曲線に示された安定的な関係を崩壊させてしまった。そこで、登場してきたのが、ミルトン・フリードマン（一九一二―二〇〇六）の「自然失業率仮説」である。

フリードマンは、図6のように、予想インフレ率に応じたフィリップス曲線を何本か描き、（短期的にはともかく）長期においてはフィリップス曲線は自然失業率を通る垂直線になると主張した（分かりやすいように、ここでは、フィリップス曲線を直線に描いてある）。換言するならば、政府が総需要を管理して自然失業率以下に失業率を下げようとしても、結果的には加速的インフレを招くだけだというのである。

では、なぜ長期的にはフィリップス曲線は垂直になるのだろうか。図6をもう一度見てみよう。まず、自然失業率u*のところにある点Aからスタートするとして、通貨当局がより低い失業率uを目指して金融緩和政策をとった場合を考えてみよう。人々は当初は物価は安定していると期待しているので、一時的には、短期フィリップス曲線PPに沿って点Bに移行することができるだろう。しかし、人々はやがて三%の物価上昇率を期待に織り込むようになるので、経済は点Bから点Cへと移行していく。点Cにおいて、失業率uを達成しようとしてさらに金融緩和政策をとると、今度は短期フィリップス曲線P′P′に沿って点Dに移行するだろう。だが、やがてはまた人々は六%の物価上昇率を期待に織り込むようになるので、経済は点Dから点Eへと移行していく。かくして、長期フィリップス曲線は、自然失業率u*を通る垂直線となるのだ。

そこで、フリードマンは、政府の総需要管理政策に代えて、マネー・サプライを一定率で増加させるというマネタリストの「k%ルール」を提言することになるわけだが、彼の「マネタリズム」については、後に再び取り上げることにしたい。

ところで、ジョンソンの後を襲ってアメリカ大統領に就任したのはニクソンだったが、彼は最初のうちはフリードマンの勧告を受け入れて所得政策には冷淡だったものの、一九七一年八月には、「新経済政策」の一環として賃金・物価の九十日間凍結という荒治療を施すことを発表した。これは、新古典派総合論者たちが支持した「ガイドポスト政策」のような緩やかな所得政策とは明確に区別されなければならない。例えば、サムエルソンは、ニクソンの決定について、「この処方は十年間に一度しか使えない強力なペニシリンのようなものだから、私は現在のクリーピング・インフレという百日咳に対しては、これをいたずらに用いることはせず、先行き現われそうな肺炎というもっとも重大な緊急事態に備えてとっておきたい気がする」(『経済学と現代』福岡正夫訳)というような消極的な評価を下しているのである。

本来、所得政策というものは「道徳的勧告」なのだが、これが直接統制という強い処置を用いずに成功させるためには、ケネディが鉄鋼価格引き上げ問題の折に発揮したような強力なリーダーシップが必要だろう。だが、残念ながら、それをいまの政治家に求めるのはどうも無理のようである。

第三章　大企業体制の光と影

一　「テクノストラクチュア」の台頭

一九六三年の秋、ガルブレイスは、駐インド大使からハーヴァード大学教授に復帰した。インドに赴任する前、彼はある未完成の原稿（『新しい産業国家』の草稿）を銀行の貸金庫に預けていたが、今度は、それを何とか完成することが、彼の当面の課題となった。『回想録』によれば、「一九六三年の秋から一九六六年の秋にかけては、何週間も、何カ月もの間、『新しい産業国家』が私の全生活を占めることがあった。私は朝起きてから夜床につくまで、そのことしか考えなかった」という。大学教授という職業は意外に雑用が多いものだが、彼は、「学部と大学の面倒な雑務──人の採用、昇進、カリキュラム、機関誌、出版、学生補導などに関する事務」は一切引き受けず、「冬になる度に大学と掛け合って、執筆のための休暇をもらい、毎年三、四カ月ぶっつづけにスイスに行って、タイプ相手に仕事をした」という。

その甲斐あって、『新しい産業国家』は一九六七年には出版に漕ぎ着けることができたが、この本も、『ゆたかな社会』と同じように、世界的なベストセラーとなった。しかし、ガルブレイス自身が、『新しい産業国家』と『ゆたかな社会』の関係を「家と窓」のそれになぞらえていることからも分かるように、この新著は彼にとって最も重要な作品と言ってもよかった。それは、簡単に言えば、彼の大企業研究の成果であるが、ここでも、彼は「市場に従属する企業」という正統派の通念に果敢に挑戦する異端派のイメージを読者に植え付けることに見事に成功したと思う。『新しい産業国家』の内容を限られたスペースで紹介するのは決してやさしくないが、以下では、できるだけ彼の斬新な主張が失われないような説明を試みることにしたい。

経済学の初歩的な教育は、前にも触れたように、完全競争から始まって、独占・独占的競争・寡占へと移っていくが、人々の思考法は、今では一部の市場を除いてほとんど見られなくなった完全競争モデルに相変わらず支配されている。完全競争の世界では、企業は規模も資本も小規模で、「価格受容者」として市場に全く従属している存在に過ぎない。

しかし、都合の悪いことに、このようなモデルは、一定の教育上の価値は持つものの、大部分の事業が一〇〇〇ないし二〇〇〇の高度に組織化された大企業――そこでは、不断の技術革新のために莫大な資本と時間が投入される――によって行なわれている現代の産業社会の描写には何の役にも立たない。もちろん、完全競争モデルが依然として当てはまる経済部門（例えば、農鉱業）がないわけではない。だが、それらが経済全体に占める割合は次第に減少する傾向にあり、いくらそれに注目しても今の産業社会の特徴は見えてこないだろう。そこで、ガルブレイスは、大企業によって特徴づけられる経済部門を「計画化体制」と呼び、これにメスを入れることを

『新しい産業国家』の主要課題とするのである（彼は、初版では、「産業体制」industrial system という言葉を用いたが、それが現代経済全体を指すものと誤解される恐れがあるので、後の版では「計画化体制」planning system という言葉に改めることにしたという。因みに、市場に従属した部門は、後に、「市場体制」market system と呼ばれるようになった）。

ところで、大企業によって特徴づけられる経済部門を「計画化体制」と呼ぶ時、その「計画化」とはいかなる理由で生じるものだろうか。ガルブレイスによれば、それは現代の技術の要請に基づくものだという。すなわち、第一に、どんな仕事でも、開始から完成までの時間がますます増大してきたこと。第二に、生産に投入される資本が増大したこと。第三に、テクノロジーの増大に伴って、特定の作業の遂行に時間と資本がより硬直的に投入されがちになったこと。第四に、テクノロジーが専門化した人的資源を必要とすること。第五に、専門化の必然的な帰結として組織が必要なこと。第六に、以上の結果として、市場の不確実性の問題（例えば、資本や時間を長期にわたって投入した末に完成された製品が市場で大量に売れ残るようなことがあれば、大企業は大損害を蒙る）が生じたので、それをできるだけ回避するために「計画化」が必要になったこと。

「計画化」のための戦略としては、普通、管理価格・消費者需要の操作・内部金融化などが考えられるが、より重要なのは、このような「計画化」の担い手がもはや資本家ではないことである。なぜか。それは、支配力の根源が、時代とともに、土地から資本、そして資本から組織へと移行したからである。少々長いが、ガルブレイスの言葉を直に聞いてみよう。

ある生産要素に支配力を与え、またその生産要素を所有し統制する人間に支配力を与えるものが何であるかは、いまや明らかだろう。支配力は、最も手に入れるのが難しく、最も代替しにくい要素をともなうものである。正確に言えば、支配力がついてまわるのは、限界的な供給が最も非弾力的な要素だということになる。この非弾力性は、自然の希少性の結果でもありうるし、ある人為的な機関による供給の効果的な統制の結果でもありうるし、またその両者があいまっている場合でもありうる。

かつては、土地をもっていれば、労働力と資本（必要なごくわずかな量）を容易に入手できた。しかし、運営資本と労働者を雇う当たり前の能力をもっていても、容易に土地を確保できるとはかぎらなかった。ここでは、原因と結果が入り乱れていたのである。すなわち、土地をもつことによって経済的な支配力や、より大きな支配力を手に入れやすくなったから、相続権を限定する法律によるなどして、土地の所有を特権階級や貴族階級だけにかぎるような措置がとられた。このことから、土地取得の機会がさらに制限されるようになり、ある世代から次の世代へと土地がそれを所有する者にもたらす経済的支配力と社会的権威を増大させるのである。

その後の資本の時代には、産業上の目的で必要なあまり広大でない土地はたやすく入手できたし、農業用の土地についてもずっと容易に手に入れられるようになった。労働力はひきつづき豊富だった。もはや土地と労働力を所有していても、資本を支配できるとはかぎらなかったが、資本を所有していれば土地と労働力は容易に取得できた。資本がいまや事業の支配力をもたらし、その結果、社会に対する支配力をもたらしたのである。……

テクノロジーと計画化の要請から、産業社会が専門化した人材とその組織化を必要とする度合いはいちじるしく増大した。計画化体制はこうした人材を外部の供給源に依存しなければならない。資本とは異なり、これは企業がどのように広く手をまわしても自ら調達できるものではないのである。また有効に活用するためには、こうした人材も組織の中に組み入れなければならない。能率的な事業組織があれば、いまや資本は当然のように集めることができる。しかし、資本を所有しているだけでは、もはや必要な人材を集め、これを組織化できるという保証とはならない。そうである以上、過去の経験から当然予想できるのは、産業社会における支配力の新しい移行が起こっているということ、それもこのたびは資本から組織化された知性への移行が起こっているということである。さらに予想されるのは、この移行が社会全体における支配力の配置にも反映されるということである。……

支配力は実際、新しいものを求める人なら、いみじくも新しい生産要素と呼びそうなものへと移行したのである。それは、現代産業のテクノロジーと計画化によって求められる多様な技術的知識と経験、あるいは異なった才能をもった人々の結びつきである。それは、現代の産業社会の指導者の地位にはじまり、下は一般労働者のすぐ上の地位にまで広がる非常に多くの人々のきわめて多様な才能を包含している。たいていの経営学説が認めているように、現代の企業が成功するか否かは、いまやこの組織化が効果的に行なわれているかどうかにかかっているのである。この組織が解体したり、失われたりすると、つくり直すのは容易なことではない。新しい組織をつくりあげることも困難で、金がかかり、見通しのさだかでない企てである。かつては土地について、その後は資本についてそうであったように、支配力は、入手するのが困難で、金がかかり、不確かなものについてまわるのである。こうして、いまや支配力は組織――組織化された能力――とともにある。

（斉藤精一郎訳、傍点は引用者）

そして、この組織とともにある支配力を行使するのが、資本家でも単なる経営者でもなく、大企業内部の専門家集団（すなわち、「テクノストラクチュア」）だというのが、ガルブレイスの主張である。

もちろん、ガルブレイス以前にも、例えば、所有と支配の分離に注目して、経営者支配の成立を説いたA・A・バーリとG・C・ミーンズの『近代株式会社と私有財産』（一九三二年）や、これをいま一歩進めたJ・バーナムの『経営者革命』（一九四一年）――ただし、この本の原タイトル Managerial Revolution には、「経営」というよりは「管理」という意味が込められていると見るべきだと思われる――などの仕事があった。すなわち、現代では、株式の所有は何万という小株主の間に広く分散しているので、その所有者たちは企業に対する支配力を持っていないというのだ（例えば、一九八七年の時点で、AT&Tの株式の所有者は二〇〇万人以上いたが、その中の九二%は五〇〇株未満しか所有しておらず、全体の一%を所有するものさえいなかったという）。

しかし、ガルブレイスの主張は、単に支配力が所有者から経営者に移行したというものではない。彼のねらいは、むしろ、前に引用した文章にもあるように、単なる経営層を超えて広くテクノロジーが要請する「計画化」に必要とされる専門的能力を発揮する人々、彼の言葉では、「テクノストラクチュア」が実質的な支配力を握っている事実を明らかにすることにあると言えるだろう。

ただし、「テクノストラクチュア」が十分な活躍の場を与えられるためには、外部（例えば、国家・株主・金融機関）からの干渉ができるだけ排除されなければならない。株式所有の分散が株主からの干渉を弱めることはすでに触れたが、さらに都合のよいことに、国家の会社法が法人企業には事業活動の上での「広範囲の独立性」を与えており、また大企業における内部留保による自己金融の普及と意思決定の複雑さが金融機関からの干渉を防いでいる。それゆえ、「テクノストラクチュア」は、「高度の自主性」を確保することに成功しているのだ。

それでは、いまや大企業の支配力を掌握した「テクノストラクチュア」は、一体、どのような動機によって行動しているのだろうか。ガルブレイスによれば、個人を動機づけるものには、大きく分けて、①強制、②金銭的報酬、③一体感、④適合の四つがあるが、かつての資本家が支配力を握っていた「事業家的法人企業」から「テクノストラクチュア」が実権を握った「成熟した法人企業」への移行に伴い、個人の動機づけや誘因体系も次第に①から④の方へ移行してきたという。支配力の源泉との関連で言えば、①は昔は土地と、②は資本と結び付いていたのだが、組織の台頭とともに③と④がより重要になったわけである。

ガルブレイスは、以上のまとめとして、「事業家的法人企業」と「成熟した法人企業」における動機づけ体系を次のように比較・対照させている。

従来の考え方では、機構は幾何学的な階層構造であった。権力は上から下へとおりていく。頂点には四角い箱があって、中に株主、すなわち最終的な権力の保有者が収まっている。その下にくるのが株主の代表者、つまり取締役会、次いで高級社員ないし最高経営陣となっている。その横に並んで、顧問、監査役、広報専門家、官庁関係担当者などのスタッフがいる。命令系統は経営のトップから下って部、課、工場、係その他の単位へと及んでいる。その末端は率直に言ってプロレタリアである。

ところが、成熟した法人企業では株主に力がない。取締役会は経営においても受身の機関であるのがふつうである。複雑なものは一般に重要であるから、下すべき意思決定は、事実上集団作業である。この決定は、組織内を上から下へくだるのではなく、下から上のほうへあがっていくのが大きな特徴である。ここから当然、従来の組織のイメージ——通例の組織図――は極めて人を誤らせるものということになる。したがって、企業に対する個人および集団の関係を分析するのに、このイメージに基づいての分析は、いずれも間違ったものとなるであろう。型どおりの命令系統という考えは捨てなければならない。

法人企業を、いくつもの同心円が重なったものと考えた方がもっとわかりやすい。各同心円にはさまれた帯状の部分は、ちがった動機の体系をもった参加者グループをあらわす。外側にある幅の広い帯に入る集団の数がいちばん多い。一般にこれらの集団の動機の体系は数が多くて、企業との結びつきもいちばん緩やかである。中心にある円が、いま名づけた最高経営陣である。これと企業との結びつきはいちばん固い。この両者のあいだに、その他の集団が入る。このように考えると、企業のさまざまな参加者の動機の体系を非常に分かりやすく考えることができる。……

一体感――自分の目標をもっと立派な組織の目標と進んで交換すること――および適合――組織の目標を自分の目標にもっとよく一致させようと望んで組織に参加すること――は、いずれもテクノストラクチュアにおける強烈な動機であり、法人企業のイメージである同心円で、内側の輪になるほどこれがますます強まっていく。一番中心の輪――いわゆるトップ・マネジメント――になると、金銭的動機がたっぷりしたものになるので、この二つの動機がかえって薄らいで見えてくる。巨大法人企業の上級役員の給料がときに破格なものとなることがある。そこで、目に見えるものに単純に反応する人々は、この高い報酬に動機づけを結びつけてしまう。

しかし、すでに見たように、成熟した法人企業の内側の輪の中では、報酬と努力とのあいだに、何ら密接な関係がないことは確かである。法人企業の中心部では、報酬はもっと大きな動機の体系の一部にすぎず、この大きな動機の体系があるからまた、中心部は完全な一体感を抱き、完全に適合できるのである。

（斉藤精一郎訳）

「テクノストラクチュア」の動機づけを明らかにしたガルブレイスは、次に、その目標は何かを論じようとする。かつての「事業家的法人企業」では、利潤極大化という単純明快な目標が支配的だったが、これまでの議論から推測されるように、それはもはや「成熟化した法人企業」の実権を握る「テクノストラクチュア」の目標とはなり得ない。ガルブレイスによれば、「テクノストラクチュア」は、自分たちの意思決定権力の基礎である自主性を維持するために「最低限の収益」を確保した上で、「売上高を基礎として考えられる会社の最大の成長率を達成すること」を目標にするという。なぜなら、成長率の極大化は、組織の維持・拡大を通じて、「テクノストラクチュア」の支配力の維持・拡大に繋がるからである。

もちろん、ガルブレイス以前にも、成長率極大化や売上高極大化に注目した理論がなかったわけではない。例えば、W・ボーモルの『企業行動・価値および成長』（一九五九年）は、企業成長の持続に必要な最低限の利潤を確保した上で売上高を極大化するというモデルを最も早い時期に提示した試みの一つだったし、またロビン・マリスの『経営者資本主義の経済理論』(一九六四年)は、経営者が自己の効用を極大化するというモデル——形式的には、経営者の効用関数は、U＝U(g, v)と書かれる。ここで、gは企業の成長率、vは株式の市場価値を表わす——を提示していた。ガルブレイスも、これらの理論から学ぶべきものは十分に吸収したはずだが、彼の場合には、成長率極大化を「社会の目標と組織の目標および個人の目標のあいだには一貫性がなければならない」という「一貫性の原則」と結び付けているところに特徴があると言えそうだ。

テクノストラクチュアの目標の一つとして、企業の成長は一貫性の原則によって強く支持されている。経済成長くらい強く公言されている社会的目標はほかにない。社会が順調に発展しているかどうかの評価基準として、国民総生産の年間増加額ほど異論なしに受け入れられているものはない。そして、このことは、先進国であれ発展途上国であれ、また共産主義国と社会主義国と資本主義国とを問わず、あらゆる国について真実である。日本は第二次世界大戦以来非常に高い国民総生産の増加率を示し、そのために成功している社会と目されてきている。……

社会的目標として経済成長をとりあげることで合意が見られる以上、テクノストラクチュアのかかげるこの目標は強い社会的意義をもつ。テクノストラクチュアの構成員は、自分たちの目的を超えたそれより大きい目的に奉仕していると知り、安心してこの目標に共鳴することができるのである。彼らは自分たちの企業の成長をさらに追求する。そのために経済の成長も促進される。こうした一体感に動機づけられて、そのような拡張に結びついた私利をも補強するのである。
（斉藤精一郎訳）

さて、前に、大企業の「計画化」の手段の一つに価格管理があることに触れたが、この関連では、『新しい産業国家』の出版当時センセーションを引き起こした次のようなガルブレイスの主張を素通りすることはとてもできない。それは、価格管理は計画化のために必要なものであり、計画化それ自体も計画化体制に固有のものなのだから、「反トラスト法は市場の維持をはかる点で産業計画のいっそう大きい世界では時代錯誤である」という主張である。ガルブレイスは、リベラルな経済学者として知られてきたが、それにもかかわらず、計画化体制の論理を追認するかのように、反トラスト法がジェスチャーに過ぎないというのだから、話題にならない方が無理というものである。この問題は重要な論点を含んでいるので、後に改めてガルブレイス批判も含めて検討したいと思うが、ここでは、大企業の価格管理（と反トラスト法批判）が、『ゆたかな社会』における「依存効果」（と消費者主権批判）と相俟って、「新しい因果関係」（消費者から市場へ、市場から生産者へと一方的に流れる従来の「公認の因果関係」に代わって、「生産会社がその市場の支配をめざして進み、さらに外面的にはそれが奉仕する人々の市場行動を管理し、社会通念をかたちづくる」までに至ったこと）と彼が呼ぶものを支えていることを指摘するに留める。

しかし、「新しい因果関係」は、いまや大企業と国家が密接に結び付くことによって、政府調達の関係にまで及んでいる。例えば、莫大な国防支出が計画化体制の必要に対する適応としての一面を持つというように（アイゼンハワー大統領が告別演説〔一九六一年〕において「軍産複合体」の危険性を指摘したことを想起せよ）。また、ケインズ経済学の教えは、国家による総需要の管理を普及させたが、その政策によって完全雇用が近づくと、今度は「賃金・物価の悪循環」の現象が見られるようになった。そして、その問題にも、国家が賃金・物価の統制によって対処しようとする。ガルブレイスは、あるところで、「企業によって最低価格が設定され、また特定の製品の需要が管理され、国によって全体としての需要が管理され、さらに賃金および物価に最高水準が設定されてはじめて、計画化体制の計画化体系は事実上の完成をみる」と言っているが、ある意味では、これは『価格統制の理論』以後の彼の仕事の集大成と言うべき内容を有していると思う。彼自身が『新しい産業国家』を最も重要な作品と考える所以である。

このように大企業と国家が一体となった一つの管理社会を、ガルブレイスは「新しい産業国家」と呼ぶわけだが、それが計画化体制中心の論理で動いている以上、それ固有の問題をはらんでいることは言うまでもない。一つは、「計画化体制が生産し供給する財貨やサービスと、国家が提供する——計画化体制の必要には役立たない——財貨やサービスとのあいだに自然な不均衡を生じさせる有機的な傾向」が見られることだが、この現象は、『ゆたかな社会』における「社会的アンバランス」の議論を適用することによって容易に理解することができるだろう。むしろ

『新しい産業国家』を有名にしたのは、計画化体制中心の社会では、「審美的次元」が犠牲になりやすいので、「教育者・科学者階層」が率先してそれを守るために立ち上がらなければならないというもう一つの主張の方である。ガルブレイスは、次のように言っている。

財貨とサービスが供給されるにしても、あるいはそれらの需要がわざわざつくりだされたものであるにしても、その彼方には審美的経験の領域がひろがっている。それは工場や技術者によってつくられるのではなく、どのような表現形式をとるにしても、とにかく芸術家によってつくられる。この経験を楽しむには、何ほどかの準備が必要である。軽く口当たりのいいブレンド・ウィスキーを賞味する場合とはちがって、この楽しみはそもそも人の心に根ざしているのである。

かつて審美的経験は人間の生活のきわめて大きな——昔の社会の乏しい資源と現代の計画化体制の富を考えれば、想像を絶するほど大きな——部分を占めていた。アメリカや、ヨーロッパあるいは日本の工業都市からの旅行者が、毎年夏ともなれば工業化以前の文明の名残を訪れるが、それはアテネ、フィレンツェ、ベネツィア、セビーリア、アグラ、京都、サマルカンドなどの都市が、現代の名古屋、デュッセルドルフ、ダグナム、フリント、マグニトゴルスクなどを基準とすればきわめて貧しかったにもかかわらず、その生活の中にはるかに大きな美的側面をもっていたからである。芸術的興味をそそるという点では、工業化以後の都市はアテネやフィレンツェなどの足下にもおよばない。実際、主として芸術的関心から旅をする人は、工業都市を訪れたりはしない。また、特別に設計されたワシントン、ブラジリア、キャンベラ、ニューデリーなど少数の都市を除けば、アダム・スミスの『国富論』が出版された一七七六年以降の建築物や都市計画などで有名な都市を訪れることも、まずないだろう。

計画化体制の中で好まれない言葉の一つは「審美眼のある人」という言葉である。その理由は、審美的な事柄が計画化体制の手に負えないからであり、それと対立することが多いからである。計画化体制がそんなものはないとしつこく唱えているのでなければ、対立があると強調する必要はほとんどなかっただろう。（斉藤精一郎訳）

もう少し具体例を挙げて説明すると、計画化体制の「電力線」・「発電所」・「高速道路」等々の重視は、審美眼のある人の「景観」・「自然の河川や国立公園」・「都市空間」等々の重視と対立しやすいというわけだ。しかし、現代は、土地でもなく資本でもなく、まさに「組織化された知性」が支配力を握った時代である。「教育者・科学者階層」は、その「組織化された知性」の必要を満たすために生み出されたものだが、ガルブレイスは、いまこそ、彼らは「計画化体制による社会目的の独占を拒否する」ために生まれ変わらなければならない、と主張する。この件は、計画化体制中心の論理を説いてきたそれまでの議論の進行からは、いかにも唐突の感を拭いきれないが、ここに至って、現代における知識人の役割を重視するガルブレイス流のリベラリズムがひょいと顔を出したようで、とても興味深い。もちろん、「審美的次元」が最優先される社会はいまだに実現されていないけれども、未来は「審美的次元」への配慮から開けるという彼の半世紀近く前の主張は、環境問題が深刻になった現在、驚くほどリアリティを持って迫ってくるのではなかろうか。

任期が終わり、再選を目指す政治家は、長いこと、自分たちが当選した頃に比べて選挙区が繁栄しているかどうかを、再出馬の資格基準と見なしてきた。選挙区が豊かになり、窃盗事件なども目立たなければ、彼らは再選のチャンスはありと見る。これは、きわめて怠惰な政治家でさえも落ちるはずのない試験だった。聡明な者も愚鈍な者も、増加する支出の波に乗っていたのであり、たいていの場合、彼らが個人的にどう努力しようとあまり関係がなかったのである。

審美的次元が課す試験は新しく、はるかに難しい。この試験では、任期を終えた市長、州知事、ホワイトハウスの大統領、ロンドンのダウニング街十番地の首相は、彼らの市や州、あるいは国が就任前よりも美しくなったかどうかを問われることになる。この試験に合格するのは大変である。今世紀の主だった人々の中にも合格者はいないだろう。誰もが落第するという事実は、審美的次元が軽視されるもう一つの理由でもある。落ちるに決まっている試験を好む者はいない。だが、いつの日にか、進歩的社会で、やさしすぎる生産性の試験よりも審美的達成度の試験をはるかに多く課すときがくるだろう。

（斉藤精一郎訳）

二　「新しい産業国家」論争

ガルブレイスの『新しい産業国家』は、経済学界内に大きな論争を引き起こした。以前の彼の本も、たしかに、出版される度に世界的なベストセラーとなったけれども、『新しい産業国家』ほど多くの経済学者たちを巻き込んで論争の的になったものはないと言ってもよいだろう。しかし、学界の大物たち（後にノーベル経済学賞を受賞することになるサムエルソン、ロバート・ソロー、ジェームズ・ミードなどの正統派経済学者たち）の評価は、総じて否定的だった。

当時の正統派である「新古典派総合」の考え方を思い出してみよう。それは、完全雇用を自動的に達成できないという自由市場の欠陥は認めるが、政府による慎重な総需要管理によって完全雇用を達成してしまえば、再び自由市場を信頼してもよいというものだった。つまり、市場の欠陥を認めることと市場を否定することとは、全く次元の違う問題だという立場である。それゆえ、彼らは、「市場に従属する企業」という神話を粉砕するに留まらず、計画化体制による市場の否定にまで突き進んだガルブレイスの「極端さ」を厳しく批判する。例えば、イギリスの経済学者ジェームズ・ミード（一九〇七—一九九五）は、『エコノミック・ジャーナル』誌（一九六八年六月号）

に発表した書評「『新しい産業国家』は不可避的か?」において、次のように言う。

現代の複雑な経済には、二つの主要な力が作用している。そのうちの一つは、ガルブレイス教授が正しく強調したもの、すなわち、長期にわたって大規模な資源を非伸縮的用途にコミットさせざるを得ないような体制における注意深い将来計画の必要の増大である。しかし、彼が全く無視している第二の、同じくらい重要な傾向がある。すなわち、現代の産業経済における価格機構の必要の増大、換言すれば、生産者や消費者に対して何が希少で何が希少でないかを知らせる信号機としての価格体系に頼ることの必要の増大である。価格機構に対する必要がこのように増大したのは、現代の産業体制において、投入・産出の関係が極めて複雑になり、生産物(その多くは、他の生産過程への技術的に洗練された投入物である)間の差別化が極めて多様になったために、価格機構や市場機構なしの単純な数量的計画がますます扱いにくく非能率的なものとなるからである。

ミードの批判は、厳しいとはいえ、やはりイギリス紳士らしい「節度」をわきまえたものだったが、この「法則」は、残念ながら、アメリカでは通用しない。私がいま念頭に置いているのは、MIT(マサチューセッツ工科大学)のロバート・ソロー(一九二四—)が『ザ・パブリック・インタレスト』誌(一九六七年秋季号)に発表した書評だが、これはガルブレイスの主張をほぼ全面否定した批判といってもよいと思う。ソローも新古典派総合の経済学者だが、ミードが「計画も市場機構も大事である」という立場をとっているのと比較すると、より市場機構（とそれに信頼を寄せる新古典派経済学）に傾いた発言をしているように思える。そのことは、例えば、ガルブレイスが何の証拠も示さずに計画化体制が市場を超越したと主張しているのは、「虚偽の臭いがするほど大きな誇張だ」という発言や、成長率の極大化も利潤動機を離れてはあり得ないという発言などに窺えるだろう。かくして、ソローは、『新しい産業国家』を「夕べの食卓向けの本で、書斎向けの本ではない」とまで酷評することになる。

ソローの批判には、幾らか正統派の権威にあぐらをかいているような不愉快さが散見されたが、それに対するガルブレイスの反応も、必要以上に感情的で、あまり褒められたものではないと思う。例えば、『回想録』には、次のような文章が見られるので、引用してみよう。

正統派からの書評は私の予想どおりであった。『ザ・パブリック・インタレスト』誌に載ったMITのロバート・ソローの批評と、シカゴ大学の『ジャーナル・オブ・ポリティカル・エコノミー』に載ったスコット・ゴードンの批評は、特に能弁であった。こういう批評の的になるのは、実にありがたいことであった。そういう批評は、過分なまでに、こちらの独創性を広告してくれることになる。そして批評家の憤慨の念と、自分の信念を傷つけられた恨みと、ただひたすらにやっつけてやろうという願望とが、規則的、反復的に慎重な発言に取って代わるのである。その結果こちらとしては、反論の際に、相手の失言や、エラーや、愚劣な議論を大いに逆用でき、しかもそれは活発な論争的応酬の形になるから、間違いなく一般の注目を浴びることができる。ソローの書評は、この点で特に貴重であった。私は、冴えた腕前を発揮して、相手を返り討ちにしたと思っている。その応報は、経済学部の学生たちが教科書からの一時の息抜きとして与えられる参考書中の、必読の一冊となったことである。

（松田銑訳）

たしかに、ソローの批判には揶揄の部分が多く、ガルブレイスにとっては不愉快千万だったかもしれないが、彼はもっと真面目に批判に答えるべきだったと思う。単に一般の読者がついたと言うだけでは、彼の議論が正しいことの証明には全くならないからだ。

そもそも、近年における所有と支配の分離から出発して、経営者そして「テクノストラクチュア」が重要な役割を演じるようになった事実は、大筋としてそれほど抵抗なく受け入れられるものだろう。しかし、そこからさらに、「テクノストラクチュア」が「絶対君主」のごとき地位に就いたと主張するのは、かなりの論理の飛躍である。サムエルソンも言うように、「立憲君主」（いわゆる君臨すれども統治せず！）としての「テクノストラクチュア」の役割なら、正統派も十分に認めるにやぶさかではないだろう。しかし、アメリカでは、現代でも、株主の力は決して侮れないという厳粛な事実がある（例えば、機関投資家は、つねに株式の配当と価格に注意を払うように受託経営者層に圧力をかけている)。また、「テクノストラクチュア」の計画化の失敗によって利潤の低迷が続くようだと、別の資本家グループが「乗っ取り」を仕掛けてくる可能性もある。

というわけで、サムエルソンは、「いわゆるテクノストラクチュアが本当にわれわれの社会を動かしているという彼の考え方、そしてアメリカのテクノストラクチュアがソ連や中国のそれと形においても機能においても似通ってくるという彼の考え方は、少なくとも一部は彼自身の過大な自己崇拝が生み出した、実はナイーブな考え方なのではないかと思っている」(『経済学と現代』福岡正夫訳)という厳しい判断を下すのである。

この関連で想起されるのは、ガルブレイスが尊敬してやまないヴェブレンが、同じように「技術者」の役割に注目しながらも、彼らは依然として「特権階級」(金融的勢力)に奉仕する人々であると断じていたことである。

> 技術者、機械工および産業専門家は、永年の習慣によって、無害で、おとなしい連中であって、大体においてよい暮らしをしており、特権階級の副官たちがつねにかれらに与えている「いっぱい詰まった弁当箱」によって、いくぶん落ち着いて満足している。かれらが、特権階級を養う産業体制のなくてはならない幹部を形づくっていることは事実である。しかし、少なくともいままでは、かれらは、金融業者の給与を受ける被雇用者として以外は、この産業体制の計画や指導に対して、何らの発言権もなかった。かれらは、いままでは、こまぎれ

仕事をすることに全く無反省に満足しており、かれら自身のあいだでもたいして理解を持つことがなく、特権階級のために惜しみなく請負仕事をやっていた。そしてかれらは、たいして反省もせずに、自己とその技術力を、産業将帥の妨害的な戦術に惜しげもなく捧げた。その間、かれらを技術者たらしめている訓練は、社会全体によって過去から持ち越された技術的知識の共同蓄積の特殊の延長に過ぎない。

（『技術者と価格体制』小原敬士訳）

ガルブレイスの「テクノストラクチュア」論が資本の支配力を見くびっているという批判は、左翼のマルクス主義者たちにも見られる。もちろん、マルクス主義者らしく、彼らはさらに、「資本と労働の矛盾」に目を瞑っているとか、大企業の対外的活動（対外投資、原料の獲得、資本輸出など）と絡んだアメリカ帝国主義の問題を考察していないとか、様々な批判を展開しているけれども、「テクノストラクチュア」の所有者からの完全独立を説くのは、「純然たる擬制」であるという考え方は彼らに共通しているように思われる。

一般に、左翼は、『新しい産業国家』を計画化体制の論理を追認している（例えば、大企業の技術革新への推進力の積極的評価）という意味で極めて「反動的」な本として理解したが、興味深いことに、新古典派総合もまた、ガルブレイスが反トラスト法の意義を軽くあしらっている箇所を取り上げ、その本に「反動的」であるとのレッテルを貼った。つまり、ガルブレイスは、左右両サイドからの批判に直面したわけである。批判を受けたことによって、ガルブレイスの基本的な立場が変化したようには見えないが、しかし、六年後に著わされた『経済学と公共目的』では、計画化体制のみならず市場体制をも射程に入れた経済体制論を展開したり、計画化体制の国際的側面を補足したりするなど、幾つかの改善がなされていると思う。しかし、この点は、後に触れるつもりである。ここでは、反トラスト法の意義を否定したガルブレイスの「反動性」について、もう少し考察してみたい。

『新しい産業国家』は、各方面に波紋を投げかけた本だったが、アメリカにおける「シャーマン法」(一八九〇年)以来の長い反トラスト法の歴史を全く無視するかのようなガルブレイスの論調に特に反発したグループがあった。それは、産業組織論を専攻する正統派の経済学者たちである。なぜなら、彼らこそ、できるだけ競争的な市場環境を整備することによってアメリカ経済の良好なパフォーマンスを引き出そうとつねに努力してきた人々だからだ。

正統派の産業組織論の根本には、「市場構造」・「市場行動」・「市場成果」パラダイムと呼ばれるものがあったが、これは簡単に説明すると、次のような考え方を指していた。すなわち、「市場構造」(売手または買手の集中度、新規企業の参入の難易度、製品差別化の程度)が「市場行動」(企業の価格政策、製品政策、競争相手に対する反応政策など)を決め、市場行動が「市場成果」(価格・費用関係と利潤率、生産の技術的効果、成長率など)を決めるので、良好な市場成果を引き出すためには、独占的行為や独占的構造を極力排除しなければならない、と。

反トラスト法をもっとも厳格に運用すると、企業が大規模であること自体が「悪」であると判定されるが、実際、アメリカでは、アルコアの判例（一九四五年）――九〇％の市場占拠率を持っていたアルコア社がシャーマン法違反と判定された――に見られるように、たとえ独占的行為がなくても独占的構造があるというだけで不法の宣告を受けた時期があったのである。このような厳格な法の適用がどうして「ジェスチャー」と言えるだろうか。産業組織論の専門家たちがガルブレイスに反発したのは、歴とした理由があるのだ。

もちろん、彼らも、完全競争の世界を今日において実現できると考えるほどナイーブではない。しかし、できるだけ有効な競争を整備することが市場成果の改善に繋がると考える点では、専門家たちの間に広い合意があったと思う。

このような視点から『新しい産業国家』を評価したらどうなるか。私たちは、W・F・ミュラーの『産業組織論入門』岩崎晃訳（東洋経済新報社、一九七七年）を例にとって、それを見ていくことにしよう。

さて、ガルブレイスは、前に触れたように、大企業の技術革新への推進力を積極的に評価するわけだが、しかし、多くの実証研究によれば、「巨大な規模と市場支配力が技術革新と計画化の成功にとって不可欠である」という主張は必ずしも成り立たないことが明らかになってきた。例えば、ガルブレイスは、『新しい産業国家』のあるところで、電気トースターを例にとって、大企業の計画化を説明しているが、残念なことに、ゼネラル・エレクトリックの元副社長T・K・クウィンによれば、電気トースターは元々同社が発明・開発したものではなかった。

むしろ、「巨大企業の実績は、もっと規模の小さい企業に接近し、買収し、これを吸収する」というものだったという。

また、ミュラーによれば、アメリカの基幹的な産業の一つである鉄鋼業においても、USスチールのような主要大製鉄会社の発明・技術革新への推進力は、とても良好と呼べるものではなかったという。

もちろん、ミュラーは、ガルブレイスが説いたように、技術の要請から幾つかの産業で小企業では効率的な操業が不可能になることを認めるにやぶさかではない。しかし、そこから直ちに「市場の消滅」を主張するのは、かなり論理の飛躍がある。事実は、むしろ、「アメリカの大部分の市場は、効率的規模の工場が多数存続できるほど拡大してきた」というのである（ミュラーは、戦後に市場の集中度が上昇したのは、生産財産業というよりは消費財産業であり、それも技術の要請というよりは製品差別化や流通の要件に基づいていたことに注目せよという）。

要するに、ミュラーは、ガルブレイスが、①市場集中の水準と趨勢を誤解し、②寡占企業の支配力を誇張している点を問題にするわけだが、彼の見解は、当時の産業組織論の専門家たちの多くに共通するものだと言っても間違いないだろう。

市場には、とくに消費財産業では、欠点があるにもかかわらず、市場は経済の大部分において資源配分を調整し統合する主役としての地位を去らなかった。技術や計画化の要求が最近、市場の退位を余儀なくさせるほど劇的な変貌を遂げたという一般化は、証拠によって支持されない。産業全体の風景をよく観察すると出てくる絵は、ガルブレイスの描く絵ではない。彼は自分の理論が経済全体をカバーしないことを認めているが、よく吟味してみると、現実の世界の小さな部分しか把握していないことが明らかになってくる。

（ミュラー『産業組織論入門』岩崎晃訳）

ところが、である。アメリカにおける反トラストの気運は、保守主義が復活した一九八〇年代に入ると、大きく退潮することになった。そして、そのことは、コンテスタビリティ理論の登場およびレーガン政権の誕生と無縁ではない。

コンテスタビリティ理論とは何か。それは、かい摘んで説明すると、従来の産業組織論とは違って、たとえ市場占拠率が高かったとしても、その市場につねに新規企業が参入してくる可能性があれば超過利潤は生まれないので、集中度の排除や企業合併の規制も行なう必要がないという考え方であるが、これがレーガン政権の「規制緩和」路線を背後から推進する力となったのである（ただし、コンテスタビリティ理論が成り立つためには、企業が産業から撤退する際に「埋没費用」がかからないなどの条件が必要である）。

一九六九年、アメリカ政府は、当時八〇％近くの市場占拠率を誇っていたＩＢＭが「汎用デジタル・コンピューターの独占化を企て、かつそれを達成した」という理由で訴訟に持ち込んだが、レーガン政権は、一九八二年には、何とこの案件は「採り上げる価値がない」として訴訟を放棄してしまった。

レーガン政権は、八〇年代の保守主義の潮流に乗って、その他の分野でもどんどん規制緩和を進めていったが、それがM&Aと呼ばれる企業の合併と買収の大流行を生んだことは、まだ私たちの記憶に新しい。ここでは、その問題点を考察する余裕はないが、レーガノミックス（レーガン政権の経済政策）には、すべてではないにしても、大企業や富裕階級のように最も恵まれているものを優遇するという傾向があったことは否めない。ガルブレイスは、次の章で見ていくように、八〇年代における保守主義の復活に最も果敢に抵抗した一人であるが、それにもかかわらず、反トラスト法を一笑に付し、計画化体制の論理に沿った形をとっている『新しい産業国家』は、図らずも、彼が最も嫌う保守主義者の台頭の手助けをしてしまったのだ！（このような問題点は、市場体制をも射程に入れた『経済学と公共目的』では一部緩和されているけれども、進歩派を自他共に任ずる彼の見解が保守派のそれと重なり合うのは、とても興味深いことだと思う。）

いままで見てきたように、『新しい産業国家』には、多くの誇張や問題点が含まれていたが、それにもかかわらず、私はそれを優れた問題提起の本として高く評価したい。もちろん、彼の理論がすべて正しいとは思わないが、『新しい産業国家』における「大企業王国」の抽象モデルが、「市場体制」の経済理論が中心の当時の正統派経済学の欠陥を見事に突いていたからである。ガルブレイスの問題提起以降、一九七〇年代に入ると、今度は、ロナルド・コース（一九一〇―二〇一三）の若き日の論文「企業の本質」（一九三七年）の可能性に気づいた経済学者たちが、ガルブレイスとは違った分析手法を駆使して現代企業理論を展開していったが、このような動きも、『新しい産業国家』を酷評してただ正統派経済学を擁護するような態度からは決して生まれなかったに違いない。

いま、私はコースの名前を挙げたが、彼の考え方は、ガルブレイスに欠けている視点を学ぶにはとても参考になるので、ここにごく大まかに紹介しておくことにしよう。

経済学ではよく「企業」という言葉が使われるが、意外にも、今日に至るまで、なぜ企業が存在し、また何が企業の数を決定するのかという問題を考察した経済学者はほとんどいなかった。ところが、コースは、この問に次のような明快な解答を与えたのである。すなわち、企業が設立される主な理由は、価格メカニズムを利用するための費用――「取引費用」（模索と情報の費用、交渉と意思決定の費用、監視と強制の費用など）――が存在することにある、と。換言するならば、いま、市場で行なわれてきた取引を組織化し、企業を設立する場合の費用が、市場を通じて取引を行なう場合の費用よりも少ないとすると、「市場」に代えて「企業」が選択されるということなのである。また、企業の規模の限界は、取引を組織化する場合の費用とそれを市場を通じて行なう場合の費用が等しくなるところで画されることになるだろう。

「取引費用」の経済分析への導入は、「市場」と「企業」という代替的な制度的様式の間の選択を取り扱う「比較制度分析」への道を切り開いたが、興味深いことに、同じ「制度」という言葉を大事にしていながら、このような視点は、ヴェブレンの流れを汲むガルブレイスの「制度主義」には全く欠落していることに気づく（例えば、企業の規模が大きければ大きいほどよいと言わんばかりのガルブレイスの議論は、少々ナイーブに過ぎるだろう）。最近の経済学界は、コースが一九九二年度のノーベル経済学賞を受賞したことに典型的に表われているように、大きく「比較制度分析」の方向に流れてきたが、こんな光景を見ていると、「制度」に限らず、一見異質と思えるものを何でも取り込んでしまう正統派経済学の力には誠に恐るべきものがあると思う。

ガルブレイスは、一時期、ヴェブレンやコモンズなどの旧世代の制度学派と区別するために、「新制度学派」の代表的論客に分類されたことがあったのだが、ところが、今日その言葉はコースの流れを汲む比較制度分析家を指す場合が圧倒的に多い。そのことをガルブレイスがどう思っていたのか、叶うならば、何時の日か尋ねてみたかったけれども、彼が書いたものを注意して読んでも、残念ながら、「新制度学派」に触れた箇所はないようである。両雄並び立たず、と言うべきなのだろうか。

三　計画化体制と市場体制

ガルブレイスは、ともにベストセラーとなった『ゆたかな社会』と『新しい産業国家』によって世界的な有名人になったが、一九七一年には、さらにアメリカ経済学会会長という学界の頂点にも登り詰めた。これは、彼が過去に正統派経済学を痛烈に批判する論陣を張ってきた事実に照らし合わせるならば、特筆すべき「大事件」であった。一説によれば、ガルブレイスを会長に推すことに対して、フリードマンが強硬に反対したという。

アメリカ経済学会の会長は、年次総会において会長講演を行なう義務を負っているが、ガルブレイスは、その年の会長講演に「支配力と有用な経済学者」というテーマを選んだ。それは、『新しい産業国家』で計画化体制または「テクノストラクチュア」の支配力を問題にしたガルブレイスに相応しいテーマだったが、この講演録を読んでいくと、所々に当時彼が準備しつつあった『経済学と公共目的』での議論が先取りされていることに気づく。つまり、『新しい産業国家』に対して加えられた数々の批判を考慮して、今度は、計画化体制ばかりでなく市場体制をも含んだ現代経済体制論を展開しようというわけだ。

一つは、企業の支配力はまだそして常に、市場に封じ込められている体制である。第二の、そして依然として発展を続けている体制では、この支配力が不完全とはいえ広く市場に、顧客に、国家に、したがって究極的には資源利用にまで及んでいる。これら二つの体制の共存を認知することが、ひるがえって経済的成果を考える上で、大きな手がかりになるのだ。

……

知的に厳しい精緻化を進め、計測能力を磨いてきた現在の理論をひとたび放棄すると、学者と食わせ物や口達者とを区別する濾過器を失う心配はあろう。これら後者の連中が危険なことは事実だが、現実ではない世界に留まったままであることには、さらに大きな危険があるのだ。そして思うに、われわれの世界では支配力が体系の一部に組み込まれているのだと悟れば、その考え方が示す新しい明快さと知的な整合性にわれわれは驚くことになろう。

（鈴木哲太郎ほか訳）

少し横道に逸れるが、経済体制を計画化体制と市場体制の二つの部門から成るものと捉える視点は、遠くは、ミハウ・カレツキ（一八九九―一九七〇）による価格決定の二分法――製造工業品のように主に「費用で決まる価格」と農鉱産物のように主に「需要で決まる価格」の区別――にまで遡ることができると思う。カレツキは、一九三〇年代から、製造工業品の生産では、生産能力に余裕があり、供給が弾力的なために、需要が増大してもその価格は不変に留まる（価格の変化は費用の変化の結果として生じる）のに対して、農鉱産物の生産では、生産能力が短期的には固定されており、供給が非弾力的なために、需要の増大は在庫の減少に従って価格を上昇させるという違いに注目していたが、実を言えば、ガルブレイスは、三〇年代のケンブリッジ大学留学中に知り合ったカレツキの人柄と学問を生涯尊敬していた人なのである。彼は、一九六九年六月二十五日付のカレツキ宛の書簡において、次のように言っていた。

あなたは、われわれの世界の人々が、あなたが過去数十年間にもたらしてくれた知的資本に対してどれほど負うているかを理解しておられるだろうか、と思うのです。私は、今日に至るまで、あなたの名前と結び付けることなくあなたのアイデアに言及するハーヴァードの同僚の数に強い衝撃を受けてきました。……そして、私は、あなたが外交的手腕や陳腐な考えに譲歩することなく、それらの仕事を成し遂げられたその仕方に特に満足すべきものがあるように思います。何年もの間、私は意識的に自己の思想を普及させるために努力してきました。あなたはそれを決してなさらなかったのです。

たしかに、ガルブレイスが派手な言動を好んだのに対して、カレツキはあくまで「孤高の探求者」に徹した人なので、両者を繋ぐ糸を探すのは一見難しいようだが、ガルブレイスの手の込んだ文章から「装飾品」の類を取り除いていくと、カレツキの端正な文章が綴る思想とそれほど違わないものが最後に残るのではなかろうか。

ところで、アメリカ経済学会の会長には、年次総会のリチャード・T・イーリー講演を行なう人物を選ぶ権限があるが、会長ガルブレイスは、これまたカレツキと同じくらい古い友人のジョーン・ロビンソンを選んだ。彼女はケインズの愛弟子の一人だが、第二次世界大戦後には、アメリカのケインズ主義――彼女はそれを軽蔑的にBastard Keynesianismと呼んでいた――とは明確に異なる「左派ケインジアン」として言動が目立つようになった。そして、左派ケインジアンの立場が、またガルブレイスのそれと程遠くないところにあるのである。なぜか。しかし、それを説明するには、J・ロビンソンのイーリー講演「経済学の第二の危機」の大まかな内容を紹介しなければならないだろう。

経済学の第二の危機というからには、第一の危機があったはずだが、これは一九三〇年代の大不況を解明できなかった当時の正統派経済学の危機のことを指している。第一の危機は、J・ロビンソンの言葉では、「雇用の水準」を説明できなかったために起こったものだが、これに対して、第二の危機は、「雇用の内容」に対する関心が欠如していたために起こったものだという。

第二次世界大戦の終結から二十五年、ケインズ主義の定着によって先進国では深刻な不況は回避されたが、しかし、その雇用は国民の福祉とは何の関係もない軍事費によって維持されてきた面が多い（軍産複合体を想起せよ）。アメリカのケインジアンたちは、財政赤字は無害だと言って歴代のアメリカ大統領を説得し続けたが、その結果、軍産複合体に利用されやすい環境が創り出されることになった。しかし、本当は、第一の危機を克服した段階で、次に「何のための雇用か」を積極的に問うべきだったのだ。

J・ロビンソンの問題意識は、『ゆたかな社会』で「社会的アンバランス」を指摘したガルブレイスのそれと驚くほどよく重なり合うように思われるが、実際、両者ともにアメリカの正統派経済学――ケインズ経済学の成果を取り入れたとはいっても、やはり長期的には市場機構の有効性を信じて疑わず、環境問題も外部不経済の一つとして「例外」扱いするような新古典派総合――には決して満足しない異端派の論客であった。振り返れば、一九六〇年代終わりから七〇年代初頭にかけては、深刻な環境破壊、所得分配の不平等、人種差別、等々の諸問題を背景に、「大いなる自己満足と自己過信」に陥った正統派経済学を痛烈に批判する「ラディカル・エコノミックス」と呼ばれる新学派が隆盛を極めていた時期に当たっているが、異端派ガルブレイスがアメリカ経済学会の会長になれたのも、このような社会的背景を抜きにしてはあり得なかったと思う。

さて、道草を食うのはこの辺で控えて、ガルブレイスの三部作の最後を飾る『経済学と公共目的』（一九七三年）の紹介に移らなければならない。この本は、前にも触れたように、計画化体制に加えて市場体制をも射程に入れた現代経済体制論であるが、このような変更がなされたのは、おそらく、ガルブレイスが『新しい産業国家』に加えられた様々な批判――市場に従属を余儀なくされている中小企業の問題や計画化体制の国際的側面の無視、現体制改革のための政策提言の欠如、等々――を考慮したからに違いない。その意味では、前作よりも、よりバランスのとれた議論が展開されていると言えるだろう。

では、計画化体制と市場体制の根本的な違いは、どこにあるのだろうか。計画化体制は、『新しい産業国家』において詳述されたように、管理価格・消費者需要の操作・内部金融化などの手段を通じて市場の不確実性を乗り越えることができた。それは、さらに、国家と一体となって大企業中心の管理社会を創り上げることにも成功した。しかし、これに対して、支配力とは無縁の市場体制には、無慈悲な市場機構に身を委ねる以外の選択肢は残されていない。また、市場体制は、一方で自らの必要とする資本設備・燃料・原材料・通信機器などの供給を計画化体制に仰いでおり、他方で自らの作り出す生産物の重要な顧客が計画化体制であるという事情があるために、計画化体制に「搾取」されやすい環境で生きて行かねばならない。さらに加えて、それでも市場体制が計画化体制による「搾取」を乗り越えるためには、自ら貨幣賃金のカットや家族労働を強化するなどの「自己搾取」の道を選ばざるを得ないという現実がある。かくして、両体制間の支配力の差異は、経済の不均等発展をもたらす、とガルブレイスは言う。

計画化体制は、単に一国内でその支配力を行使するだけではない。現在では、「多国籍企業」と呼ばれる企業形態が世界的に普及しているが、これは、ガルブレイスによれば、「国際貿易に特有な不確実性に対するテクノストラクチュアの対応策」以外の何物でもなく、「国内市場の場合と同じように、国際的に市場を超越する」ことを目標にしたものだという。例えば、アメリカのような先進国の計画化体制は、貨幣賃金の水準がはるかに低い低開発国の企業から低価格戦略を武器に市場の席巻を企てられる危険性につねに直面しているわけだが、いまや国際化を遂げた計画化体制は、コストが最もかからない国で生産するという対抗手段を獲得したのである。

しかし、『経済学と公共目的』のガルブレイスは、単にこのような現状を追認しているわけではない。彼は、現状を国民の真の福祉に寄与するような体制へと変革していくためには、まず、「信条の解放」・「女性の解放」・「国家の解放」という三つの解放を勝ち取らなければならないと主張する。

第一に信条の解放が必要なのは、現にある多くの「信条」が計画化体制の都合のよいように出来ているからである。計画化体制の支配力を持ってすれば、「計画化体制の提供する財貨の生産と消費が、そのまま人間の福祉や善行につながる」という命題を世間に承知させるのはそれほど困難ではないという。そこで、ガルブレイスは、計画化体制に都合よく出来ている現在の経済学教育、教育制度、宣伝や広告、公共政策などをすべて疑ってかかる態度を身に着けなければならないと言う。

第二に女性の解放が必要なのは、彼女たちが「家事と消費の管理は女性の本務である」という「都合のよい社会的美徳」によって、長い間、個人の選択の自由を奪われてきたからである。しかし、ガルブレイスは、「男女を問わず、すべての個人は社会的に有意義な個人的目標を追求する」ことが許されるべきであるという信念から、次のような四つの提案をしている。すなわち、専門的な託児所の設置、週間および年間労働をもっと個人の選択に任せること、男性による「テクノストラクチュア」の仕事の独占を打破すること、そして最後に女性に必要な教育を受ける機会を与えることである。

第三に国家の解放が必要なのは、現にある国家が計画化体制の「執行委員会」のような役割を演じているからである。だが、国家の解放のためには、まず、国民が「公共性の認識」に目覚めることが第一条件である、とガルブレイスは考える。

今のわれわれには、本当のことが、もっとはっきり分かっている。計画化体制では、生産者の目的が支配的である。生産者の利益と公共の利益とを同じものにしてしまう特殊な目的に、国家が従属しているというのは、人を欺く作り話にすぎない。計画化体制の目的と公共の目的とが違っていることは――幻想を抱く者、またそれによって報酬を得ている者を除けば――はじめから分かり切ったことである。衝突するのは当たり前で、少しも珍しいことではない。そうした衝突の可能性をはじめからもっていることを、政治的に表現する言葉があると便利である。前にもちょっと触れたが、私はこれを「公共性の認識」と呼ぶことにしたい。「公共性の認識」は、計画化体制の目標と、公共の利益に奉仕する目標とのあいだに、根本的な違いがあることを明らかにしてくれる。

「公共性の認識」を身につけた者が予想するのは、政府はいつも――反対の声があがらぬかぎり――最高度の発展を遂げた経済の分野を支援するということである。こうして政府は、発展の不均等ないし不均衡に一段と拍車をかける。また、そうすることによって、さらに、計画化体制の必要にほかの方法でも応じることによって、所得分配の不公平にいっそう輪をかける。技術開発を支援することも、計画化体制の目的を反映するものである。それも兵器の場合は、人殺しという身の毛もよだつ結果にさえなりかねない。環境を守る公共の努力は、より高度の計画化体制の目的、特に成長と技術開発のために、うやむやにされてしまう。それればかりか、計画化体制と国家との提携と癒着は、国家のサービス自体に、非常にむらのある動きをさせることになる。計画化体制の必要に応えるサービス、その製品を買い付けるサービス、なかんずくテクノストラクチュアと官僚の癒着からくるサービスなどは、いずれも十分に提供される。だが、そんなふうに目をかけてもらえない連中は、窮地に立たされる。（久我豊雄訳）

ただし、「公共性の認識」が公共目的のために奉仕する政治集団の結集に繋がり、それが国家を計画化体制の支配から解放することによって「公共国家」が成立するというガルブレイスの目論見がそのままの形で実現するほど現実は甘くないだろう。しかし、それを確実なものにするための手助けをするくらいのことはできるかもしれない。その意味では、『経済学と公共目的』の第五部「改革の一般理論」において、計画化体制の支配力を削ぎ、市場体制の力を増すための様々な政策——①経済体制内の支配力を均等にする措置、②経済体制内の生活条件を直接均等にする措置（例えば、住宅、都市交通機関、保健サービス、芸術的・文化的サービスなど）、③市場体制と計画化体制間、または計画化体制内の所得の平等を直接図る措置、④環境に悪影響を及ぼすような計画化体制の生産および消費の規制ないし禁止の措置、⑤財政支出を公共目的に奉仕するようにコントロールする措置、⑥計画化体制がたえずインフレとデフレを傾向的に繰り返すのを除去する措置、⑦計画化体制の手に余る産業間の調整を図る措置——が提言されていることには、一定の評価を与えるべきだと思う。

ところで、「拮抗力」の概念で有名になった『アメリカの資本主義』には、交渉力が弱い者を強化する立場がリベラリズムであるという趣旨の文章があったが——これに対して、本来の支配力を保護しようとする立場が保守主義であるという——、この考え方からすると、中村達也（中央大学名誉教授）が主張するように、『経済学と公共目的』では『アメリカの資本主義』以降どこかに消えてしまった「拮抗力」の概念が再生していると言ってもよいのではないだろうか。ガルブレイスは、自他共に任ずるリベラリストであるにもかかわらず、その『新しい産業国家』によって左右両サイドから「反動的」とのレッテルを貼られたことについては前に触れたが、あるいは、彼もそのような「汚名」を返上したかったのかもしれない。

『経済学と公共目的』を発表したのと同じ年の夏、ガルブレイスにとって、思いもかけなかった仕事が回ってきた。イギリスのBBC放送のエイドリアン・マローンが、「できれば経済学史のような、狭く限定されない経済問題についてのテレビ番組をやってみる気はないか」と問い合わせてきたのである。ガルブレイスは、文章でこそ人を唸らせる才能を持っているが、テレビ番組となると、決してヴェテランというわけではなかった。しかし、彼は、その仕事に挑戦してみることにした。案の定、彼はテレビ・カメラの前では何度もまごついたけれども、その番組を基にまとめられた著書『不確実性の時代』（一九七七年）は、やはり世界的なベストセラーとなった。特に、日本での売れ行きは、群を抜いていた。彼はそのことがよほど嬉しかったらしく、『回想録』に次のような文章を綴った。

日本では五十万部をやや上回った。私は日本人の読書の趣味のよさに絶賛を捧げた。一九七八年の秋、私たち夫婦は、私の本の出版社の賓客として東京へ行ったが、客が収益性のある資産である場合、主人側のねんごろな待遇がここまで至りうるとは、私のかつて思い及ばぬところであった。（松田銑訳）

個人的な思い出になるが、『不確実性の時代』の翻訳書（都留重人監訳、TBSブリタニカ、一九七八年）が出版された頃、私もその書名が気になってその本を購入したものの、ベストセラーにしては読みにくい本だという感想を持ったのを覚えている。当時、私は高校に入ったばかりで、たしか、にわかに体調を崩して入院する前にその本を買ったような気がする。分かりにくかったのは、まだ幼くて予備知識がほとんどなかったからだと思うが、家にはどういうわけか『週刊朝日』がいつも置いてあり、その四月七日号にこの本を絶賛した書評が載っていたので買ってみる気になった。書評者の名前は忘れてしまったが、後年、それを書いたのが、名著『ケインズ』（岩波新書、一九六二年）の筆者・伊東光晴であることを知った。高校生の私は、十年後、自分がその人に師事することになるとは知る由もない。そして、『ガルブレイス』と題する本を書くことになろうとは、神のみぞ知るである！

さて、ガルブレイスは、一九七四年の夏、ハーヴァード大学教授を退官した後、同大学の名誉教授という肩書をもらったが、凡庸な「名誉教授」とは違って、彼の精力的な活躍は止まるところを知らなかった。ガルブレイス流のリベラリズムに基づく言論活動は、次の章で詳しく検討するつもりだが、ここでは、最後に、彼の著書としてはそれほど多くの読者を獲得しなかったものの、私にはとても興味深く思える『マネー――その歴史と展開』（一九七五年）という本に触れてみたい。

この本は、広い意味での歴史の本だが、歴史家と違って、ガルブレイスの目的は、「過去の成功や失敗を語って、それを現在のための参考にしようとする」ことにある。そのための材料は沢山あるだろうが、ガルブレイスの筆が最も光っているのは、政権発足当初、非公式の経済顧問であるフリードマンに影響されたのか、物価安定を図るためのガイドポスト政策や直接統制などに極めて冷淡だったニクソン大統領が、突如、賃金・物価統制という「荒治療」に切り換えていく過程を語った件だと思う。しかし、彼がマネーの長い歴史から引き出してきた「教訓」は、決して愉快なものではなかった。

一九三〇年代の主要な教訓は、デフレーションや不況が国際的秩序を破壊するということ、それぞれの国に、自分の努力が隣国に及ぼす損害に対しては無関心のまま、自国救済の手段に狂奔させたということである。そして六〇年代の終わりから七〇年代初期にかけての教訓は、インフレもまた国際秩序を破壊するということだった。インフレと不況の間でどちらを選ぶとか、その間に選択があり得るとかいう人は、愚者の選択を提案しているのでしかない。政策は常に、そのいずれに対しても反対でなければならぬのだ。

しかし、同時に今や明らかなことは、選択がありうるのは、極端なインフレと極端な不況との間だけだということである。こうした考えをとらずに、もしも伝来の正統派的対策だけしか持たぬと、われわれはインフレと不況の両方に同時に見舞われることになろう。この組み合わせには、自由主義者も保守主義者も、誰一人賛成はしない。しかも、二五〇〇年の貨幣の歴史を経て、われわれはついにこの組み合わせに到達してしまったのである。同じ歴史でも、このように不幸な終局に至った歴史は、ほとんどあるまい。

（都留重人監訳）

この「教訓」は、ニクソン・ショック以後の国際通貨制度の激動の過程で引き出されたものなので多少悲観的なように思えるが、『マネー』は、ガルブレイスらしいウィットに富んだ名文と、どちらかといえば控え目で鼻につくほどではないリベラリズムを味わうには打ってつけの本なので、機会あればぜひ一読を勧めたいと思う。

第四章　リベラリズムと批判精神

一　保守主義の復活に抗して

ガルブレイスは、これまで何度も強調してきたように、自他共に任ずるリベラリストである。しかし、「リベラリズム」(liberalism)の支持者といっても、彼のリベラリズムはハイエク流のそれとは明確に区別しなければならない。

リベラリズムという思想は、十九世紀のヨーロッパでは、個人の選択の自由・企業活動の自由・妨害のない自由市場などと結び付いていたものだが、しかし、二十世紀の三〇年代に、新大陸においてその意味が大きく変化していく。つまり、アメリカのルーズヴェルト大統領は、大不況に喘ぐ人々を救うために、「ニューディール政策」として知られる政府の経済活動への積極的な関与を推し進めていったのだが——この点については、第一章を参照のこと——、何時の間にか、リベラリズムとはそのような進歩的な思想を指すようになったのだ。

ガルブレイスは、自ら積極的にニューディール的リベラリズムに身を投じた一人なので、その意味の変化を当然のように受け入れているはずだが、いまだに十九世紀のリベラリズムに郷愁の思いを抱く人々にとっては、それは嘆かわしい以外の何物でもないかもしれない。例えば、ハイエクは、次のように言っている。

実際、ヨーロッパにおいて「自由な」と呼ばれている、また呼ばれてきたものは、今日の合衆国では、ある正当な理由から「保守的」と呼ばれている。他方、最近では、「自由な」の語は、ヨーロッパでなら社会主義と呼ばれるものを述べるのに使われてきた。しかし、「自由な」の名称を用いている政党で、今日、十九世紀の自由の原理に固執しているものは一つとしてないということは、合衆国と同じくヨーロッパにも当てはまる。

（「自由主義」田中真晴・田中秀夫訳）

経済学や経済思想の文献を読む場合、このようなリベラリズムという言葉の意味を正しく押さえておかなければ、前後関係が全く意味不明ということになりかねない。例えば、ハイエクにとっては、ガルブレイスの「リベラリズム」はほとんど社会主義と同義語であり、反対にガルブレイスにとっては、ハイエクの「リベラリズム」は保守主義の同義語である、というように。

もちろん、これから私はガルブレイスのリベラリズムを語ろうとしているのだから、ハイエク的な言葉遣いを別に知らなくても支障はないかもしれない。しかし、まだ大学院生時代にガルブレイスのユニークな『経済学の歴史』（一九八七年）の書評を書いた時に感じたことだが、彼は自分のリベラリズムに反対する「保守主義者」には必要以上に非寛容になる傾向があると思う。私は何もハイエク流のリベラリズムの支持者ではないけれども、ガルブレイスのバランスを欠いた叙述を読んでいると、異なる思想に対する「寛容」を示すことも、リベラリストの重要な要件の一つだと反論してみたくもなる。だが、こんなところで道草を食うのは私の本意ではないので、さっそく彼の「マネタリズム」批判の紹介に移ることにしたい。

マネタリズムとは、わが国でも『選択の自由』(一九七九年)以来すっかりお馴染みになったミルトン・フリードマン(一九一二―二〇〇六)が中心となってまとめた学説のことを指しているが、その中心的な命題は、とても単純で誰でも容易に理解することができる(「貨幣的経済理論における反革命」保坂直達訳)。

1 貨幣量の増加率と名目所得の成長率との間には、正確ではないが整合的な関係が存在する。

2 平均して、貨幣量の増加率の変化は、約六ないし九ヵ月後の名目所得の成長率の変化をもたらす。

3 名目所得の成長率の変化は、典型的には、はじめ産出量に体現されて、物価にはほとんど現われない。

4 平均して、物価への効果は、所得と産出量への効果にさらに約六ないし九ヵ月遅れて生じる。そのため、貨幣量の増加率の変化と物価上昇率の変化との間の全体としての遅れは、ほぼ十二―十八ヵ月となる。

5　短期――それは五年あるいは十年という場合もあろう――では、貨幣量の変化は、はじめは主として、産出量に影響を及ぼす。他方、数十年にもわたって、貨幣量の増加率は、主として、物価に影響を及ぼす。

6　貨幣量が産出量よりもいっそう急速に増加することによってのみそれが生じるまたは生じうるという意味において、インフレーションは、常にかつどこにおいても、貨幣的な現象である。

つまり、貨幣量の変化は、短期――十年も続く「短期」というのは詭弁に過ぎないようにも思えるが――では産出量や雇用量に影響を及ぼすものの、長期ではすべて物価の変化となって現われる、というわけだ。彼の学説が現代版の貨幣数量説と言われる所以である。この理論からは、次のようなマネタリズムの処方箋が引き出される。すなわち、物価を安定させるためには、貨幣量を実質経済成長率と歩調を合わせて増加させるだけでよく、財政政策や所得政策その他の物価抑制策は不要だ、と（いわゆる「k％ルール」の提唱）。

「k％ルール」や第二章で説明したフリードマンの「自然失業率仮説」には、現代社会では失業よりはインフレの方が深刻な問題であるという価値観が潜んでいるように見えるが、それらはフリードマンおよび彼を支持する「マネタリスト」たちを突き動かす「レッセ・フェール」（自由放任）のイデオロギーと深く結び付いた考え方である。

マネタリストの勢力は、新古典派総合が学界の主導権を握っていた頃には、ほとんど取るに足らぬものだったが、「彼は小柄な人だが、口が達者で、討議・討論では独特な一徹さを持っており、もっと知的に弱い学者が時として陥る疑いというものを全然持たない人である」（ガルブレイス『経済学の歴史』鈴木哲太郎訳）と言われるフリードマンのカリスマ性と、ヴェトナム戦争勃発以後のインフレの昂進に支えられて、俄に世間の耳目を集めるようになった。そして、ついに、一九七九年十月、ＦＲＢ（連邦準備制度理事会）のポール・ヴォルカー議長がマネー・サプライ重視の金融政策の舵取りを決定するに至った（ジミー・カーター大統領によってＦＲＢ議長に任命されたヴォルカー氏は、決してマネタリストではなかったが、それにもかかわらず、彼がマネタリズムに屈した形になったのは、当時世界各国からアメリカの高インフレ率に基づくドル安傾向への歯止めを求められていた事情を勘案しなければならないだろう）。

マネタリズムの実験は、一九八一年、大統領がロナルド・レーガンになっても続けられた。つまり、マネタリズムの理論と政策よろしく、ＦＲＢは貨幣量の伸び率を厳しく制限してインフレを何とか抑え込んだが——一九八〇年には一二・四％だったインフレ率は、八二年には七％以下になった。しかし、その過程では、フェデラル・ファンド（ＦＦ）レートが二〇％前後まで高騰するという現象が見られた——、たしかに、貨幣量の増加率は下がったものの、代わりに深刻な失業問題が発生したのである（何と失業率が一〇％を超えてしまった！）。

ところで、マネタリズムが実践に移される前から、イギリスには、その問題点を鋭く指摘したニコラス・カルドア（一九〇八―八六）というケインジアンがいた。彼によれば、貨幣供給の増加が物価を上昇させるというよりは、物価や所得の増加の結果として貨幣供給が増加すると言う方が真理を突いているのだが、フリードマンやマネタリストたちのそもそもの誤りの元は、彼らがいまだに「商品貨幣」（貨幣が金や銀などの商品から構成されるもの）の世界を想定しているところにあるという。その世界では、たしかに、貨幣供給が人々の貨幣需要とは独立に外生的に決定されると見なすことができる。しかし、貨幣が国債や民間の債務の創造とともに現われるような現代の「信用貨幣」の世界では、貨幣供給を人々の貨幣需要から独立したものと考えることはできなくなる。ここでは、フリードマンとカルドアの間の論争を詳しく説明するスペースはないけれども――関心のある方は、拙著『現代経済学講義』〔筑摩書房、一九九四年〕第六章を参照のこと――、カルドアが、このような視点から、中央銀行が貨幣供給をコントロールできるとするマネタリストの想定に疑問を投げ掛けていることだけは押さえておきたい。というのは、ガルブレイスもまた、そこにマネタリズムの問題点を見て取っているからである。

フリードマンの処方箋には、いっそう重大なもう一つの困難があった。これは、すでに見たように、現代経済において何が貨幣であるのか、誰にも確実にはわからないということである。現金通貨や当座預金が貨幣であることは間違いない。しかし、小切手を切れる貯蓄性預金とか、当座預金に即座に転換できる貯蓄性預金はどうなのか。また、クレジット・カードや未使用の信用限度などに潜む購買力についてはどうなのか。さらに、いかに恣意的とはいえとにかく貨幣であるとされたものの集計は、本当のところ統御可能なのであろうか。

（『経済学の歴史』鈴木哲太郎訳）

カルドアやガルブレイスが危惧したように、結局、中央銀行が貨幣供給を思うようにコントロールできるというのは幻想に過ぎなかった。それだけならまだよかったが、貨幣供給の伸び率を厳格に抑え込んだ結果、極めて高い金利が成立した。高金利は一方でドル防衛には一定の役割を演じたものの、他方で投資や消費を抑制することによって経済全体には大きな損害を与えた。つまり、マネタリストのインフレ抑制策は、景気を悪化させ失業者を大量に生み出すことによって初めて効果を現わしたのである。こうなるのは、カルドアが以前から予測してきたことだったが、マネタリズムが「上昇気流」に乗っている間は、残念なことに、あまり注目もされなかった。

だが、ガルブレイスによれば、高金利はその効果が社会的・経済的に中立的ではないという問題もあるという。

インフレーションは近代経済特有の傾向であって、金融政策はこれを高金利によって抑えようとする。インフレが永続的な傾向をもっている以上、金融政策への依存は金利が永続的に高いことを意味する。高い利子を受け取る人たち、すなわち自分の金に対して高い価格を得る人たちは、この政策が本来的に含む報酬に気づかぬほど個人的な金銭的利益に無関心ではない。そして、これもあまりに明白なことであるが、金を貸す人は金を借りる人や貸す金をもたない人よりも多くの金をもっていると見てよいから、この政策がすでに資産のある人を利するものであることは明らかである。金融政策が財界で評判がよいのはこのことから来ている。つまり、富裕な人または富裕な人の代弁者に人気があるのだ。金融政策は、不利な経験に直面しても、何がしかの残存価値をもつのであるが、その理由はここにある。積極的な金融政策を主張する人たちは、それがもたらす失業その他の不幸から免れている人たちである、との指摘がなされることが少なくなかったけれども、さらに、このような主張をする人たちやそれに喝采を送る人たちは、金の値打ちを高く保つことから来る利益の増加によって自ら報酬を得ているのだ、ともいう必要がある。この政策を主張する学者は、富裕な人々の喝采を受けても驚くべきではない。それは十分な報酬に値するのだ。

（『ゆたかな社会』第四版への序論、鈴木哲太郎訳）

高金利が富裕階級に喜ばれるところに注目したのは誠にガルブレイスらしいが、実際、レーガン＝ブッシュの共和党政権の時代は、正に「金ぴかの時代」と言ってもよいような風景が至るところで見られたのである。余談になるが、レーガンは、大統領に就任するとすぐ、ホワイトハウスの東壁にかけてあったトーマス・ジェファーソン（独立宣言の起草者で、アメリカの第三代大統領〔一八〇一―〇九〕）の額を取り外し、その後にカルヴィン・クーリッジ（アメリカの第三十代大統領〔一九二三―二九〕）の額を納めた。クーリッジは、「アメリカの本務はビジネスである」（The business of America is business.）という言葉で有名な大統領だが、レーガンによれば、彼は四度も減税を行なうことによってアメリカを繁栄に導いた功労者なのだという。少し後で触れるように、レーガンも後にアメリカ史に残る大減税を行なって、クーリッジの「先例」に倣おうとしたが、回顧して見れば、どちらの政権も保守主義の思潮が社会全体に蔓延した時代の「産物」だったことが分かる。しかし、アメリカ史に深入りする余裕はないので、この方面に関心のある方は、歴史の本を繙いて頂きたい。

さて、前にフリードマンのフィリップス曲線批判やマネタリズムの学説を説明した時、彼が短期と長期を区別していることに注目したが、マネタリズムが浸透していくにつれて、経済学界にはそれよりももっとラディカルな経済思想が生み落とされることになった。すなわち、「合理的期待形成学派」の登場である。

マネタリストは、前に触れたように、貨幣供給の増加が短期的には産出量や雇用量に影響を及ぼすことによって自然失業率以下の失業率をもたらすことを認めていたが、いまや合理的期待形成学派――その主導者たちは、ロバート・ルーカスやトーマス・サージェントである――によれば、人々が「合理的期待」を形成するならば、フィリップス曲線は長期はおろか短期においても垂直になってしまうという。彼らの理論は高度な数学で武装されているので、素人には分かりにくいけれども、それが「ルール」に基づかない「裁量」による政策――ケインズ流の総需要管理政策がその代表的なものである――の無効を主張している限りにおいて、マネタリズムと同様に、自由放任を指向するものであることは変わりない。

ガルブレイスによれば、合理的期待形成学派には、「一種の神秘的な感じがつきまとっている」とのことだが、ある特定の状況の下では、現実主義よりも神秘主義の方が人の心を捕えることもある。保守主義が復活した一九八〇年代は、正にそのような時代だったのではないだろうか。

ところで、失業率が一〇％を超えるようになってしまうと、いかなる保守主義者でも現状を放置することはできなくなる。失業者救済のためのオールド・ケインジアンの常套手段は、言うまでもなく、大減税や財政支出の大盤振舞だが、それを「サプライサイド・エコノミックス」の名の下に実践に移したのがレーガン政権の特徴である。

レーガンは、大統領就任演説の中で、「今日の危機において、政府はわれわれの諸問題への解決策ではなく、政府こそ正に問題なのである」という有名な言葉を吐いたが、たしかに、彼は福祉プログラムの削減や政府規制の撤廃などを打ち出して「小さな政府」を実現しようとしたもののの、「強いアメリカ」を掲げたからには軍需産業への財政支出まで削減の対象にすることはで

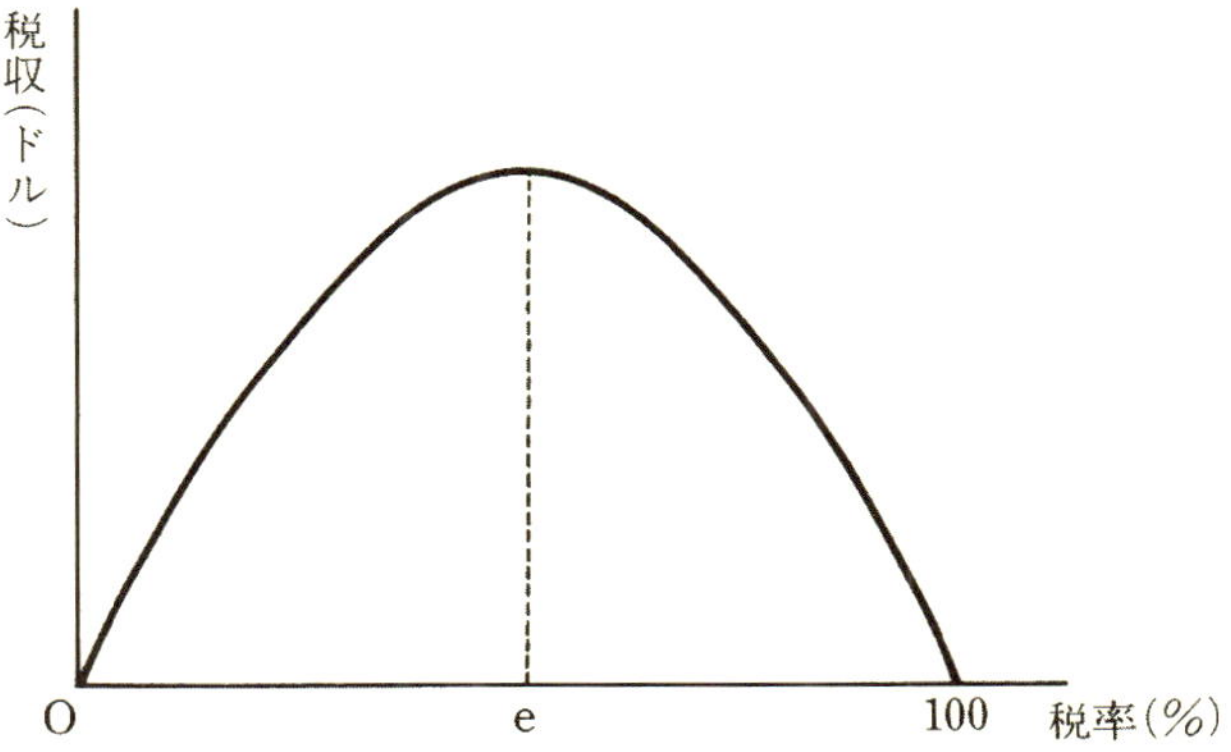

図7

きなかった。当時はまた、軍事支出の増大は、旧ソ連との冷戦に打ち勝つためにも必要だとしばしば宣伝されたものである。レーガン政権は、結局、一方で大減税を実施しておきながら、他方で軍事支出を大幅に増やすという矛盾した財政政策を採ることになるが、その結果、誰でも予想がつくように、巨額の財政赤字が残された。しかし、当時は、減税することによってアメリカ経済が再生し、かえって税収も増えるという夢のようなデザインを描いてくれた「ラッファー曲線」の考え方が安易な人々の心を捕えて離さなかったのである。

ラッファー曲線とは、南カリフォルニア大学教授のアーサー・ラッファーが何とカクテル・ナプキンの上に描いた曲線のことを指している（図7を参照）。ラッファーによれば、税率が〇％ならば税収は〇ドル、また税率が一〇〇％ならば誰も働かないので税収はやはり〇ドルになるという。

ここまではごく有り触れた「論理」だが、ラッファーはさらに税収が〇ドルとなる二点を結ぶ放物線を描き、もし税率がe％を超えているならば、税率の引き下げはかえって税収の増大をもたらすと主張したのである！

ラッファーの「理論」には、何の実証的根拠もなかったので、一流の経済学者は誰もそれに信を置かなかった。しかし、政治家は別だった（例えば、ジャック・ケンプ下院議員）。政治家は、学者とは違って、真理を求める人々ではなく、自分に都合のよいものを求める人々に過ぎないが、その点では、ラッファー曲線はまさに彼らが有権者に迎合するための格好の道具だったのだ。

最も素朴なサプライサイド・エコノミックスは、ラッファー曲線に依拠しながら、大減税→勤労および貯蓄意欲の増大→生産性および経済成長の上昇率の増大→税収の増大という「夢」にかけたが、しかし、現実には、すべてが「絵に描いた餅」に過ぎなかった。

もう少し具体的にサプライサイド・エコノミックスの実験を振り返ってみよう。レーガン時代には、八一年の「経済回復および租税法」（ＥＲＴＡ）によって個人税率が二五％切り下げられ、八六年の「租税改正法」（ＴＲＡ）によって個人の最高限界税率が五〇％から二八％へ、法人のそれは四六％から三四％へと切り下げられたが、その結果は、巨額の財政赤字であった（例えば、八三年度は約二〇七〇億ドル、八六年度は約二二一一億ドルというように）。

もっとも、サプライサイド・エコノミックスの実験によって景気は確かに回復したのだから、一定の評価は与えるべきだという意見もある（八四年には、失業率は七・一％までに下がり、金融引締の効果もあってインフレ率も四％という低い水準に留まった。そのような時期に二度目の大統領選挙を迎えたわけだから、レーガンもよほど幸運の星の下に生まれた人物だと言うべきか)。しかし、景気が回復したのは、サプライサイド・エコノミックスの筋書通りに経済の供給面が改善されたからではなく、減税→総需要への刺激→景気回復というようなオールド・ケインジアンの筋書に限りなく近かったことに注意しなければならない。

さて、レーガノミックスに大きな影響を及ぼしたサプライサイド・エコノミックスを、ガルブレイスはどう評価するのだろうか。

リベラリストのガルブレイスは、レーガン政権の大減税が、富裕階級に最も大きな利益を与えたことを問題にする。驚くべきは、一九八一年の段階で、レーガン政権の行政管理予算局長を務めたデイヴィッド・ストックマンが、「サプライサイド経済学はゆたかな人々のための減税の隠れ蓑だ」と発言したことである。この発言を聞いて、さすがのガルブレイスも、「隠れ蓑だという事実は全く明白だったけれど、それを自認することは驚くべきことであり、かつ、どんな普通の慣行から見ても極端に無謀なことであった」と論評する他なかったが、『ゆたかな社会』の第四版（一九八四年）への序文を読むと、レーガノミックスも政治権力が「ゆたかな人々」に移行した時代の産物として分析されているのが見て取れる。

しかしながら、社会的バランスの悪化について、あまり目に付かない一つの理由は、政治権力がゆたかな人々へ移ったことである。そのため、こうした恵まれた人々は、貧しい者にとって最も重要な公的サービス――公立学校、警察、公立図書館、公園、公的リクリエーション施設、公共交通――の費用を契約によって外へ出そうとするに至った。ゆたかな人々は、その代わりに、こうしたサービスを私的に購入することによって、私立の教育、民間警備保障、私的なリクリエーション施設、私的な交通機関、というような形で利用している。租税によって自由が侵害されることに対する深い道徳的な憤慨と、政府の非能率に対する厳しい苦情とが相俟って、こうした変化を広汎に支援してきた。道徳哲学の分野では、このような機会をとらえて、選択の自由に対するゆたかな人々の権利を守る一部門が考案された。それは、劣悪な公的サービスが（所得そのものがないのと同様に）貧しい者の自由を奪うことになるという点については、全く無視している。租税および公的支出に対する憲法上その他の制限――〔カリフォルニア州の〕プロポジション十三に代表される病的症候群――がこの動きを実地に移した。これは、政治権力が少数の金持へ移行したことの一面であって、この面についてはまだ十分に認識されていない。

（鈴木哲太郎訳）

このような視点は、後に検討する『満足の文化』（一九九二年）に受け継がれていくが――ただし、そこでは、「少数の金持」ではなく「満ち足りた選挙多数派」が政治権力を握ったという筋書になっている――、ガルブレイスにとってのパラドックスは、かつてのリベラリストたちが

「ゆたかな社会」を創り上げることに精一杯の努力を傾注し、その結果その目標がようやく実現されたと思ったとたんに、人々の生活態度が保守化し、彼らが貧しい者に対する暖かい心を喪失したことである。つまり、「ゆたかさ」の結果として保守主義が復活したというわけだ。しかし、この問題を経済学だけで扱い切るのは極めて困難なので、ここでは深入りしないことにする。

さて、では、ガルブレイスは、サプライサイド・エコノミックスの処方箋に代えて、自らはどのような政策提言を行なっているのだろうか。結論から先に言うと、それは高金利ではなく財政引締によるインフレの抑制プラス慎重な所得・価格政策の提唱である。その理由は、彼によれば、次の通りである。

財政政策――すなわち需要とインフレの中で需要に誘発された部分を抑制するための緊縮予算――はあらゆる点(政治的に容易かどうかは別として)でマネタリー・ポリシーよりすぐれている。財政政策は投資支出よりも消費支出を締めつけるから、生産性に及ぼす害が少ない。それはまた利率に敏感な産業だけをいじめることにならない。経済への影響もマネタリー・ポリシーより予測しやすい。さらにマネタリー・ポリシーと違って、あらゆる国の中央銀行にとっての現代の大きな難問――貨幣とは何かという定義を下すことと、定義のできないものを正確に統制すること――にでくわさないですむ。強力な財政政策をとれば、あらゆる工業諸国の政府が、予算の赤字の縮小(あるいは解消)、金利の引下げ、貸出条件の緩和に向かって進むことができる。アメリカがはっきりこの方針をとることが、特に緊急に必要である。アメリカの財政赤字を減らすためにどんな方法をとるかについては、政治的選択の余地が十分ある。私は一九八三年度の個人所得税減税案の廃案、一九八一年に制定された企業所得税軽減措置の撤回、軍事費の厳重な見直しを主張している。……

将来の変化のもう一つの兆候は、あらゆる工業諸国が慎重で明確な所得・価格政策をとることであろう。西ドイツ、オーストリア、スイス、その他のヨーロッパ諸国および日本は、すでに所得・価格政策の必要性を大いに認識している。それらの各国における賃金交渉は、現在の価格で支払える程度に応じて妥結する。古くさい古典経済学的イデオロギーにとらわれて、そうしないイギリスとアメリカは時代遅れの標本である。所得・価格政策は、大企業と労働組合が賃金要求と価格要求とを貫徹し、それによって賃金と価格の相互作用による螺旋型上昇運動をもたらすだけの実力をたくわえた時代の経済倫理に適応するものである。マネタリー・ポリシーと財政政策とは、成長拡大をストップさせ、その代わりに景気後退をもたらすのでなければ、この螺旋型上昇運動を止めることはできない。これもまた単なる理論の問題ではなく、イギリスとアメリカにおける苦い経験の示す事実である。

（『世界を読む』松田銑訳）

つまり、インフレ抑制をただ金融政策に委ねるようなマネタリズムを放棄し——高金利の緩和は、産業投資や生産性にとってもプラスの要因になることは間違いない――、財政政策と所得・価格政策の併用によってインフレ圧力を抑えるべきだというのである。ここには、若き日にハーヴァードの「フィスカル・ポリシー・セミナー」においてハンセンから学んだ「財政主義」と、価格統制官としての仕事以来の価格統制の必要性に対する揺るぎない確信が見え隠れしてとても興味深いが、誰かが言ったように、人は若い頃――しばしば二十代の――の仕事から一生離れられないのかもしれない。

われわれが次第に悟ってきているように、経済政策を左右する力はイデオロギーではなく、厳しい歴史的環境である。もっとも頑固なイデオロギー信者といえども、苦しみが大きすぎると、いつまでも歴史に反抗することはできない。マネタリストと、それにかかわる古典的市場の幻想とが消え失せる時が来るだろう。その時われわれは現代の世界に順応する方がよいことを悟るだろう。それは巨大企業と、強力な労働組合と、巨大な政府機構と、その他もろもろの現代組織のシンボルの世界である。その時初めて産業経済が、今とは違って本来の、そして必要な働きを示すようになるであろう。（『世界を読む』松田銑訳）

いまの時点での評価では、レーガノミックスに高い点を与える経済学者はごく少数に過ぎないだろう。なぜなら、それはサプライサイドとマネタリズムの双方の経済学の実験の失敗によって、巨額の財政赤字と巨額の貿易赤字を遺したからである（貿易赤字は、もちろん、高金利が生んだドル高に起因している）。もしかしたら、後世の歴史家は、一九八七年十月十九日の株式市場の大暴落を八〇年代の「金ぴか」時代の終焉を象徴する「事件」として記録することになるのかもしれない。

二　「満足の文化」への警告

いま、私は、図らずも、八七年十月十九日の株式市場の大暴落に言及したが、その「事件」との関連では、ガルブレイスの『バブルの物語』（一九九〇年）――この本の原題は、*A Short History of Financial Euphoria: Financial Genius is Before the Fall* である――を素通りにして先へ進むことはできそうもない。この本は、過去のバブルの隆盛と崩壊の歴史を辿りながら、投機に共通する要因を抽出しようとしたユニークな作品だが、実は、その本が出来上がる前には、こんな面白い出来事があった。

一九八六年の秋、ガルブレイスは、株式市場に醸成されつつある投機的な動きに注目していたが、ある時、『ニューヨーク・タイムズ』紙からその問題についての論説を求められたので、正直に、「市場は典型的な熱病ムードに入っており、崩壊は避けられない」という趣旨の文章を書き送った。ところが、さすがの『ニューヨーク・タイムズ』も、ガルブレイスの原稿が人心に不安を与えかねないという理由でボツにした。だが、ボツにされたその原稿は、一九八七年の初め、『アトランティック』誌にほとんどそのままの形で掲載された。この論説は、十月十九日までは、若干の批判——例えば、「ガルブレイスは人が金儲けをするのを見るのが嫌いなのだ」といった類のもの——を除いて、ほとんど注目されずにいた。

ところが、実際に株式市場の大暴落が現実のものとなると、「全米各地、東京、パリ、ミラノから、四十人ほどのジャーナリストやテレビ解説者が私のコメントを求める電話をかけてきた」（ガルブレイス『バブルの物語』鈴木哲太郎訳）という。それが「世間」というものだが、彼は名文家らしくそのことを努めてあっさりと筆にしている。

陶酔的熱病のエピソードは、それに参加している人々の意思によって、彼らを富ましている状況を正当化するために、守られ、支えられる。また、それに対して疑いを表明する人を無視し、厄介払いし、非難する意思によっても、同様に防衛されている。

（鈴木哲太郎訳）

そういえば、彼は以前にも議会で証言中に株価が暴落し、投機筋の恨みを買ったことがあったが、『大恐慌』以来、彼と株式市場とは切っても切れない縁にあるようだ。

さて、では、彼は、「バブルの物語」から投機に共通するどんな要因を引き出したのだろうか。ガルブレイスが注目した要因の第一は、「金融に関する記憶は極度に短い」ということである（ガルブレイスは、あるところで、金融上の記憶はせいぜい二十年しか続かないと言っている）。過去には、それこそ、十七世紀オランダの「チューリップ狂」に始まって、十八世紀イギリスの「サウスシー・バブル」、そして一九二九年のアメリカの大恐慌など、幾つも金融上の大失態があったが、どういうわけか、人々はその後その事実を実に素早く忘却してしまった。

第二は、金と知性は密接に結び付いているという思い込みである。「金こそ資本主義的成功の尺度」であり、「金が多ければ多いほど、成功の度合も大であり、その成功の土台になった知性もすぐれている」に違いない、というわけだ。そのような人々の思い込みに支えられているからこそ、「金融の天才」が一時は華々しい活躍をすることができるのだが、しかし、いったん崩壊が訪れると、「類まれな機敏さであると考えられていたものは、実は偶然かつ不幸にも資産を動かしていただけのことであると判明する」という。そして、かつて「金融の天才」と呼ばれた人も、挙げ句の果てには、追放や隠遁生活に追い込まれていき、ついには自殺に至る場合もある。

ガルブレイスによれば、金融の世界は、「新しい」金融の手段が発明される度に、それを歓迎する奇妙な雰囲気がある。だが、「新しい」とされたものも、実は昔からある「てこ」の再発見に過ぎない場合が多いという（例えば、「銀行はその金庫に置いてある現金の預金の量以上の銀行券を印刷して借り手に対して発行することができる」という発見もこの「てこ」の一つだし、「チューリップ狂」の時には、小さな球根が巨額の貸付の「てこ」となった、等々）。しかし、まだ記憶に新しい「ジャンクボンド」（ジャンクとは「がらくた」の意だが、アメリカでは信用度の低い債券のことを指してそう呼んでいる。八〇年代には、これを発行して企業買収の資金を調達する企業が続出し、大きな問題となった）という高リスクの「てこ」の例に見られるように、「投機のエピソードは常に、ささやきによってではなく大音響によって終わる」ことになる運命にある、とガルブレイスは言う。

ところが、金融の世界の住人たちは、このような投機に共通して見られる要因を決して認めようとしない。また、市場経済の本質的な安定性に立脚した正統派の経済学も、「上昇が上昇を呼ぶ投機のエピソードが市場自体に内在している」という真実を覆い隠すのに一役を買っている。さらに、彼らは、暴落の原因を「外部的な」影響に見出す特別の才能を持っているという（例えば、八七年の暴落の際には、連邦政府の財政赤字が槍玉に挙げられた）。だが、そのようなまやかしの議論に騙されないように、「高度の懐疑主義」を身に着けることをガルブレイスは主張する。


すなわち、あまりに明白な楽観ムードがあれば、それはおそらく愚かさの表れだと決めてかかるほどの懐疑主義、そしてまた、巨額な金の取得・利用・管理は知性とは無関係であると考えるほどの懐疑主義である。ここで、個人投資家ならびに――言うまでもないが――年金基金その他の機関のファンド・マネージャーが指針とすべき絶対確実な準則の一つを示すこととしたい。すなわち、金と密接にかかわっている人たちは、ひとりよがりな行動や、ひどく過ちに陥りやすい行動をすることがありうる、さらにはそういう行動をしがちである、ということである。この準則を本書全体の教訓ともしておきたい。

さらにもう一つの準則は次のことである。すなわち、興奮したムードが市場に拡がったり、投資の見通しが楽観ムードに包まれるような時には、良識あるすべての人は渦中に入らない方がよい。これは警戒すべき時なのだ。たぶん、そこには機会があるかもしれない。紅海の底には、かの宝物があるかもしれない。しかし、そうしたところには妄想と自己欺瞞があるだけだという場合の方がむしろ多いということは、歴史が十分に証明している。

（鈴木哲太郎訳）

こんな簡単なことがどうして分からないのか、と訝しがる読者がいるかもしれないが、それを忘れさせる神秘的な力があるのが、まさに「金融上の陶酔感」（financial euphoria）なのだろう。

『バブルの物語』で「金融」にまつわる「虚構と現実」を暴露したガルブレイスは、二年後、今度はもっと広い観点から八〇年代のアメリカ社会における保守主義の思潮に切り込んだ『満足の文化』を発表する。この本は、晩年の彼の社会批評の中では最も優れたものだと私は思っているが、何といっても注目に値するのは、「満足の文化」を支えているのが、かつてのようにごく一握りの特権階級ではなく、「満ち足りた選挙多数派」になってしまったという主張である。

周知のように、かつては経済的社会的に幸運な人々は少数派で、ほんの一握りの支配者であった。しかし、……この層は今では多数派になり、しかも彼らは市民のすべてではなく、実際に投票行動をする市民という意味の多数派なのである。このような立場にあり、実際に選挙に参加する人々に対して、適当な呼び名が必要となる。彼らは、「満ち足りた多数派」とも呼べるし、「満ち足りた選挙多数派」(the contented electoral majority)、あるいはより幅広く「満足の文化の所産」とも呼べるだろう。彼らが有権者全体の中で多数派なのではないことを再度繰り返しておく。彼らは、デモクラシーという装いのもとに支配するが、そのデモクラシーには、恵まれていない人々は参加していないのである。満ち足りた人々は決して黙ってはいない。これが最も重要なことである。本書で展開するように、彼らは自分たちの自己満足状態を侵しそうなものに対しては、はっきりと怒りを示すのである。(中村達也訳)

「満ち足りた選挙多数派」の台頭によって、政治の世界も、現状を疑うことをせず、自己に対する配慮を行動の基準にしているような彼らの利害に敏感にならざるを得なくなった。例えば、彼らは、政府活動の拡大を増税に繋がりやすいという理由で嫌悪し(もっとも、これには例外があるが、それには危機に陥った金融機関の救済、防衛支出などが含まれる)、税負担の軽減を要求する。大減税をすれば、当然、ある種の政府支出をまかなうことが困難になるが、いまや豊かになった「選挙多数派」は、貧しい人々のための政府支出――福祉支出、低価格住宅、保護者のいない人々の健康管理、公教育、都市のスラムにおける様々な費用――を重荷に感じるようになる。選挙で勝利することを第一に考える政治家たちは、このような「満ち足りた選挙多数派」の要求をとうてい無視することはできない。それゆえ、ガルブレイスは、レーガン＝ブッシュの共和党政権は、まさに彼らの要求に応えるような諸政策（富裕階級のための減税、福祉予算の削減、防衛支出の増大など）を実行に移したという意味で「民主主義」の原則に忠実だったというのだ。

彼らの政策はおしなべて同情心に欠けており、経済的には有害であり、政治的にも利口なものではないと見なされてきた。しかし、従来強調されることもなく、言及されることさえまれだったのは、彼らが、支配的な政治勢力との関係を熟慮してきたということである。彼らが追い求める政策は、自分の選挙民である満ち足りた選挙多数派の意志を忠実に反映したものであった。実際、彼らは民主主義の原則に忠実だったのである。広い意味で、民主主義においては恵まれた階層の声と票が支配的なことを、彼らが配慮してきたのである。

（中村達也訳）

だが、このようなアメリカの「民主主義」の下では徹底的に排除されている「下層階級」（都市のスラムの住人、国内の後進地域から流入してきた人々、貧しい国々からの移民者など）がいることもまた事実である。彼らは誰からも嫌われる辛い仕事を強いられている人々だが、経済成長が着実に生活水準の向上をもたらしていた六〇年代と違って、低成長の現在では、彼らの「上昇志向」の運動はすっかり阻まれてしまった。しかし、もし彼らが半永久的に「下層階級」のままでいることに憤りを感じるようになれば、将来における「怒りと社会不安」を招くことになるかもしれない、と不気味なことをガルブレイスは言う。

以上が、ガルブレイスが「満足の文化」と呼ぶものの実態だが、彼によれば、「満足の文化」では経済学も外交も政治もそれなりの「適応」を余儀なくされるという。

例えば、「満ち足りた選挙多数派」にとっては、失業の危険に曝される可能性は相対的に少なく、インフレによって資産価値が目減りすることの方が問題なので、何よりも反インフレ政策を要求する。ところで、前にも触れたように、インフレ抑制の手段としては、高金利、財政支出の削減、所得政策などがあるが、「満ち足りた選挙多数派」が高金利を望むことを知っている政府は、躊躇《ためら》うことなくそれを選択するだろう。

だが、これも前に触れたように、高金利は産業投資や住宅建設投資を抑制し、将来のアメリカの国際競争力にマイナスの影響を及ぼす。ところが、「満足の文化」では、「たとえ困った結果を将来もたらすことになろうと、とりあえずは何もしない政策の方が、長期的な保護的措置よりもつねに受け入れられる」というのだ。

ガルブレイスは、さらに、「満足の文化」における外交政策の遊戯的性格――例えば、日米欧三極委員会などには元政府高官を含む外交政策の権威と言われる人々が何人も名前を連ねているが、往々にして、「褒め言葉を交わしながら中身の薄い討議をくり拡げる」だけだという――、民主党の大統領候補者といえども「満ち足りた選挙多数派」の要求を無視できなくなったアメリ力政治の実態、しかしながら、いまや民主主義の規制からほとんど全く解放された、独立した権力を持つに至った巨大な軍部という不気味な存在などを彼らしい皮肉とウィットに富んだ文章で論じていくが、スペースの関係から、それらを詳述することはできないので、関心のある方は、ぜひ直に『満足の文化』を繙いて欲しいと思う。

しかし、次のことだけは再確認しておかねばならない。それは、ガルブレイスが、近年における保守主義の復活を「ゆたかさ」の結果として生じたものであり、単にリベラリズムからの一時的な逸脱であるとは考えていないことである。この見解は、名著『アメリカ史のサイクル』(一九八六年)において、保守主義とリベラリズムの思潮が三十年周期で繰り返していくという有名な説を提示したアーサー・シュレジンガーのそれとは微妙に異なるものである。そういえば、リベラリズムの再生を期待されたクリントン政権も、その目標を十分に実現できなかったが、それも、ガルブレイス流に言えば、「満足の文化」という現在のアメリカ社会の思潮が壁になっていたからかもしれない。

三　経済学史の中のガルブレイス

さて、私たちは、ここまでガルブレイスの主要著作を当時のアメリカの経済と経済学の中に捉え直すという作業に携わってきたが、ようやくこの辺で一応の総括を出すべきところに差し掛かったようだ。

本書では、ガルブレイスの経済学を指して何度も「異端」という言葉を使ったが、それには、彼が現在の主流派経済学において有力な方法論――例えば、サムエルソンは、「私は意味ある定理という言葉を、単に理想状態のもとでのみ反証が可能な経験的データについての仮説という意味で使っている」（『経済分析の基礎』佐藤隆三訳）という言葉からも推測されるように、前提や結論の反証可能性を求める立場を代表していたと思われる――に全く従っていないという意味が込められている。彼がそのような方法論を重視していない証拠に、『経済学の歴史』を繙いても、カール・ポッパーの名前やサムエルソンの『経済分析の基礎』などが全く顔を出さないのだ（もっとも、ケインズ理論を普及させたサムエルソンの教科書には言及してあるが）。

ガルブレイスは、一連の著作活動を通じて、「拮抗力」・「依存効果」・「社会的アンバランス」・

「テクノストラクチュア」などの新概念でもって現代資本主義の本質に迫ろうとしたが、その際に依拠したのは、数理的能力ではなく、多年にわたる現実観察によって磨き上げた自らの「直観」であった。かつてシュンペーターが自らの優れた「直観」に基づいて企業者の新結合（イノヴェーション）の遂行という資本主義の本質を把握したように、彼もまた「直観」の経済学者であった。

だが、経済学界には、主流派経済学の方法論を全く無視し、専門家よりは素人に向かって物を書いてきたガルブレイスを批判する者は後を絶たない。かつてはサムエルソンが彼について辛辣な言葉を吐いたものだが、最近では、ポール・クルーグマンが、次のようなことを言っている。

例えば、ジョン・ケネス・ガルブレイスのケースを考えてみよう。一般の教育のある大衆は……ガルブレイスのことを重要な経済思想家と思っている。しかしながら、ガルブレイスがハーヴァードの経済学教授であったとしても、彼は彼のことをむしろ「メディア・タレント」に近いと見なしている学界の同僚たちから真面目に受けとめられたことは決してなかった。……ガルブレイスの本は、彼の同僚たちが本物の経済理論と考えるものではなかったのだ。

（『繁栄を行商する』一九九四年）

この関連で想起されるのは、シュンペーターが「経済分析」以前の認知活動としての「ヴィジョン」の役割を正しく指摘したことである。

いやしくも何らかの問題を設定しうるためには、まずわれわれの分析的努力の対象たるに値するものとして、明確な一組となれる密接した現象を第一に頭の中に描くことが必要なのはいうをまたない。換言すれば、分析的努力に当然先行するものとして、分析的努力に原材料を提供する分析以前の認知活動がなければならない。本書においてはこの分析以前の認知活動をヴィジョン（Vision）と名づける。

（『経済分析の歴史』東畑精一訳）

経済学の歴史に名を残した偉人たちは、すべてこのような「ヴィジョン」を持っていた。例えば、ケインズの「ヴィジョン」は、すでに『平和の経済的帰結』（一九一九年）に現われていたが、それは、かい摘んで言えば、第一次世界大戦後の世界で主要な投資機会がほとんど消滅してしまったにもかかわらず、ブルジョアの貯蓄意欲だけは依然として強力に存続しているというものだった。そして、ケインズの『一般理論』は、この「ヴィジョン」を「経済分析」へと昇華させたものだというわけである。

ケインズの仕事は、「ヴィジョン」と「経済分析」を兼ね備えた超一流のものだったと思うが、多くの経済学者にとっては、残念ながら、そのうちのどちらかに寄り掛かっているのが現実だろう。例えば、クルーグマンに「経済分析」はあっても「ヴィジョン」のかけらも見当たらないのに対して、ガルブレイスは優れた「ヴィジョン」を表現すべき「経済分析」が弱い、というように。余談ながら、序でに言えば、シュンペーターも「ヴィジョン」を「経済分析」に移し替える段階で幾らかつまづいたように思える（例えば、彼の発展理論は、沢山の優れた洞察に満ちているにもかかわらず、ケインジアンの成長理論と比較してモデル化が極めて困難である）。たしかに、彼は次のように言っているのだけれども、その言葉は、彼の仕事よりはケインズのそれに対してより適切に当てはまるからだ。

経済学の科学的性質を信じる経済学者が考える最高の理想は、ほどよい数の変数を結び付ける少数の方程式によって、経済過程に関するあらゆる本質的特徴を示す単純なモデルを作り上げることに成功したときに満たされる。

（『二〇年代の十年間』金指基訳）

このことから、シュンペーターはケインズに「嫉妬」していたという辛辣なことを言う人もいるが、その真相はともかく、シュンペーターがどちらかといえばやはり「直観」の経済学者だったことは間違いないだろう。伊東光晴は、もっとはっきりと、シュンペーター＝ガルブレイスの系譜を主張しているので、引用してみよう。

確かに、資本主義の本質、アメリカ資本主義の特質、現代資本主義の本質如何という、こうした発想法は、新古典派経済学のように、仮説の上に数学式を展開し、証明し、博士論文を書くようなわけにはいかない。確かにそれは理論の継承を不可能にするものである。なぜなら、すぐれた直観に基づく現実把握の上に立つものであるから、それは少数の優れた人においてのみ可能なものである。だが、それゆえにこそ、現実遊離した仮説の上に展開される理論に代わって、現実の岩盤に達する社会科学を作りうるものなのである。

シュンペーターが期待し、求めたものは、こうした経済学であり、経済学者だったのである。

（「シュンペーターの現代的意味」、『週刊東洋経済』一九九三年七月三十一日号）

ところが、困ったことに、最近の経済学者の評価は、ノーベル経済学賞の受賞者の決め方に典型的に見られるように、「経済分析」の能力の優劣によって行なわれる場合が圧倒的に多い。ノーベル経済学賞の問題点については、拙著『二十世紀の経済学』（講談社学術文庫、一九九五年）の第二部で詳述したので、それを参照して欲しいが、現在の経済学界では、主流派の方法論を拒絶するものを「異端」と呼び、「辺境」の地に追いやるような力——佐和隆光（京都大学名誉教授）なら、「経済学の制度化」と言うかもしれない——が働いていることだけは確かなようである。

しかし、私たちは、『経済学の本質と意義』（一九三二年）において経済学の「希少性」定義を提示し、第二次世界大戦後の「経済学の制度化」に大きな役割を演じたライオネル・ロビンズでさえ、「経済科学」とは区別された「政治経済学」の存在価値を認め、その教育のためには歴史学や政治学と一体となったプログラムを考案しなければならないと主張していたことを思い起こすべきである（この点は、拙著『現代イギリス経済学の群像』〔岩波書店、一九八九年〕第四章を参照のこと）。

ガルブレイスの経済学には、批判者たちが言うように、厳密な定理の証明の類は一切ない。また、精密な議論の代わりに、「印象派」の感想が述べられているに過ぎない箇所も少なくない。しかし、それにもかかわらず、歴史学や政治学と一体となった「政治経済学」の論客としては、世界に彼に比肩しうるものはほとんどいないと思う。その「才能」は、ノーベル経済学者の「才能」とは全く違ったタイプのものなのである。たしかに、ガルブレイスの文章は時々鼻につくことがあるけれども、人間の多面的な才能を信じたい私としては、ガルブレイスの「才能」にもまた寛容でありたいと思う。

ガルブレイスには、前にも触れたように、『経済学の歴史』という著書がある。この本は、たしかに、多くの問題点を含んでおり、初学者が経済学史を学ぶのには適当な本ではない。けれども、彼自身が経済学をどのように考えているかを知るには、またとない本であるかもしれない。例えば、次の言葉を聞いてみよう。

経済学を政治および政治的動機づけから切り離すのは不毛なことである。このことはまた、経済的権力および経済的動機づけの現実に、隠れ蓑を提供することにもなっている。さらにそれは、経済政策における誤謬や過ちの重要な源泉でもある。経済学の歴史に関するどんな書物も、経済学が政治学と再統合して、政治経済学というより大きな学科を形成するようになるだろう、との希望なしに終わらせることはできない。

（鈴木哲太郎訳）

つまり、ガルブレイスにとっての経済学とは、「政治経済学」そのものなのである。『経済学の歴史』が「純粋経済学」の仕事をほとんど無視している所以である。

一九八九年、ガルブレイスのために編まれた記念論文集に、サムエルソンは、「芸術家および科学者としてのガルブレイス」と題する文章を寄稿したが、その結びに次のようなことを書いた。すなわち、「政治経済学は、一つの科学であるとともに一つの芸術である。ジョン・ケネス・ガルブレイスは、社会的世界の諸理論を定式化するに当たってつねに創造的芸術家であり続けた。彼の構築したものは、経済科学の財産を構成している」と。この文章は、記念論文集のために書かれたという点を勘案しても、かつてのサムエルソンの評価──「経済学者でないものはケネス・ガルブレイスを真面目に受けとめ過ぎているかもしれないとすれば、私たちインサイダーはガルブレイスにあまりにも少ない関心しか寄せていないといえる」──と比較すると随分穏やかなものになっているように思われる。

たしかに、ガルブレイスは、「芸術家」と言ってもよいような優れた文章力と想像力を兼ね備えていると思う。経済学が最高度に発展した現在、そのような能力は経済学界での「出世」の妨げになりかねないが、それでもごく少数ながら、「芸術家」のような感性が経済学者にも必要なことを認める人物がいる。例えば、ケインズの愛弟子として知られるロイ・ハロッドは、晩年の著書『社会科学とは何か』清水幾太郎訳（岩波新書、一九七五年）において、いまの経済学が自然科学の方法を模倣する方向に流れ過ぎたことを痛烈に批判し、経済学者はもっと人間の感情を理解する努力を積むべきこと、そしてそのための材料が優れた文学作品の中にあることを主張した。文豪たちは社会関係に影響を与える人間感情の性質を誰よりも理解しており、私たちもそこから学ぶべきだというのだ。

経済学の創設期には、アダム・スミスの『道徳感情論』（一七五九年）に見られるように、私たちの学問も「人間」を措いてはありえなかったのだが、何時の間にか、「経済人」という合理的ではあるが多分に機械的な「人間」が経済学を支配してしまった。かつてヴェブレンは、「進化論的経済学」をもってこのような合理的「経済人」モデルに果敢に挑戦したが、しかし、それはいまだに経済学の世界に生き残っている（例えば、ゲーリー・ベッカーの「経済学帝国主義」的な仕事――結婚・犯罪・麻薬中毒などの経済学――を想起せよ）。ガルブレイスは、何度も触れたように、ヴェブレンを心から尊敬している人だが、ガルブレイス自身の一連の仕事も、「経済制度は変化するものであり、経済学の主題も変化するし、変化すべきである。変化と調子を合わせたときにのみ理解が可能なのである」（『経済学の歴史』鈴木哲太郎訳）というヴェブレンの思想の実践であったと言ってもよいと思う。

しかし、経済学界の「制度的真実」または「通念」は、その存続に利害関係を有する政治的勢力に支えられながら、頑強に自己を主張しようとするかもしれない。それに対抗するに、現代のあまりにも純粋な経済学者ではおそらく役者不足だろう。私たちがガルブレイスに期待したのは、やはりその「政治経済学」的手法によって一見革新的と思われた経済思想のイデオロギー的基礎を暴いてくれる手腕ではなかっただろうか。私たちに「政治経済学」の醍醐味を教えてくれる経済学者はきわめて稀少である。

終章

ガルブレイスが二〇〇六年四月二十九日に亡くなってから十年の時間が経過した。本書の底本（『ガルブレイス――制度的真実への挑戦』丸善ライブラリー、一九九五年）が出版されてから十一年も生き延びたのだから文字通りの大往生と言えるだろう。彼が亡くなったとき、私は、『朝日新聞』（二〇〇六年五月九日付夕刊文化面）に次のような追悼文を発表した。

四月二十九日夜、アメリカを代表する異端派経済学者ジョン・ケネス・ガルブレイスが亡くなった（享年九十七歳）。ガルブレイスといえば、『ゆたかな社会』『新しい産業国家』『不確実性の時代』などの著作によって日本の読者にも馴染みの深い名前である。だが、査読付きの専門誌への論文の掲載数で研究者をランクづけるいまの経済学界においては、一般読者が近づきやすいような「読み物」の形で正統派経済学を批判する彼の手法は、つねに冷淡な扱いを受けてきたと言ってもよい。それにもかかわらず、彼があえてそうしたのは、人目に付くような「問題提起」をすることによって、正統派の盲点を浮き彫りにすることにあったと思う。

例えば、彼は、『ゆたかな社会』において、企業が宣伝や広告などを利用して消費者の需要を喚起することを「依存効果」と呼んだが、それは企業の生産が消費者の嗜好や選好によって規定されることを前提にしていた正統派の「消費者主権」の考え方と鋭く対立するものであった。また、『新しい産業国家』においては、いまや大企業の実質的な支配力を握った「テクノストラクチュア」(株主でも単なる経営者でもなく、大企業内部の専門家集団)がさまざまな手段を用いて「計画化」を目論み、市場を乗り越えようとしているにもかかわらず、正統派はいまだに「市場に従属する企業」という完全競争モデルに支配されていると痛烈に批判した。もちろん、ガルブレイスの本のなかに一部極端な主張が含まれていたことは確かだが、彼の本がベストセラーになって学界における論争の的になったのは、彼の問題提起が正統派の盲点を鋭く抉り出していたからである。その後の正統派経済学が、ガルブレイスとは全く分析手法が違うとはいえ、完全競争モデルを克服するような方向(例えば、企業の内部組織論やゲーム理論を駆使した企業理論など)に向かったのも、一部は彼の問題提起が功を奏したからではないだろうか。

私は、かつて、一連のガルブレイスの仕事を指して「制度的真実への挑戦」と表現したことがある。ここで「制度的真実」とは、みずから所属する組織において「真実」と考えられている事柄(先に触れたような「消費者主権」や「市場に従属する企業」などの通念)を指している。

ガルブレイスが深く尊敬したアメリカ制度学派の先達ヴェブレンも、このような意味での「制度的真実」を徹底的に粉砕しようとした異端派であった。

ガルブレイスは、経済学者であると同時に優れたジャーナリストでもあった。彼の読者なら、保守化が進行した現代アメリカ社会の文明批評を試みた『満足の文化』や、株式市場における「陶酔的熱病」に警鐘を鳴らした『バブルの物語』などをご存じだろう。しかし、「直観」よりは「分析テクニック」に重きを置くいまの経済学教育の現状を考えると、ガルブレイスなきあと、このようなタイプの経済学者が出てくる可能性は低いのではないだろうか。その意味では、一つの時代が終わったと言うべきかもしれない。

没後十年という時間は長いようで短い。今年に入って恩師の伊東光晴（京都大学名誉教授）の『ガルブレイス――アメリカ資本主義との格闘』（岩波新書、二〇一六年三月）が出版された。師は九死に一生を得てわずか数年の病身だが、それにもかかわらず、ガルブレイスの名を借りてアメリカ資本主義の本質に迫ろうとする舌鋒の鋭さには本当に感心してしまった。しかし、師は、私と違って、ガルブレイスが正統派に対する「異端」であることを敢えて強調しなかった。これは、たぶん、政策指向の経済学者である師と、経済思想史家である私との違いといってもよいだろうが、有り難いことに、師が自著の序文のなかで、中村達也（中央大学名誉教授）の『ガルブレイスを読む』（岩波現代文庫、二〇一二年）と拙著を補完的に読む文献に取り上げてくれたおかげで、二十一年前に出した拙著が改めて見直されることになった。そして、思いもかけず、このたび白水社の好意により復刊されることになった。新書で出した本を単行本で復刊するのは初めての経験である。

もちろん、時代によって「正統派」と見なされる経済学は異なる。ガルブレイスが主要著作を立て続けに出版していた頃の正統派は、ポール・A・サムエルソンの「新古典派総合」であった。これは、新古典派経済学とケインズ経済学の「総合」を謳った思考法だが、サムエルソンが学術論文として数学を多用して発表するものは前者に、経済政策論として発表するものは後者に傾いていたので、本当は、「総合」というよりは「折衷」に近いものであった。ジョーン・ロビンソンが、アメリカのケインジアンは政策論としてケインズを支持しながら、書斎に戻ると新古典派になると揶揄したゆえんである。

ガルブレイスの正統派批判は、「消費者主権」にかみついた「依存効果」にせよ、「完全競争モデル」を揶揄し「テクノストラクチュア」を主人公にした「計画化体制」にせよ、どちらかといえば、新古典派経済学の方により多く向けられている。だが、単なる総需要管理にも満足せず、民間部門と公共部門への資源配分の「社会的アンバランス」や、依存効果による「無駄の制度化」によってGDPの額のみがクローズアップされることへの批判など、ケインズ経済学の方にも向けられていることにも注意しなければならない。

ところで、師のガルブレイス論で一番注目すべきは、一九八〇年代以降アメリカでミルトン・フリードマン流の市場原理主義が勢力を拡大した一方で、アメリカの製造業の衰退によって「新しい産業国家」が「新しい金融国家」へと変容したと指摘した部分である。金融筋の力は強大になり、コーポレイト・カバナンスも「会社は株主のもの」と考える方向に揺れ始めた。その影響はわが国にも及んでいる。テクノストラクチュアによる大企業の実権掌握を強調したガルブレイスの学説は、ここにきて大きな修正を余儀なくされているといえる。だが、最晩年のガルブレイスが『悪意なき欺瞞』（二〇〇四年）のなかで批判したように、「名ばかりの民間企業」が政府と結託して国防予算の決定にまで影響を及ぼしているという現実は歴然としてある。彼が一生を通じて大企業の「権力」を解剖する意義を訴え続けた意義がなくなったわけではない。

異端派経済学者ガルブレイスは、現状に胡坐をかいて自己満足してしまう経済学者の怠慢を痛烈に批判した。彼の批判がすべて正しかったわけではないし、数学を使うから経済理論が堕落するというのも事実に反する。だが、「変化に適応した真理」を追い求め続けたガルブレイスの学問姿勢は、査読付学術誌への論文掲載の数のみで経済学者をランク付けする今日における業績評価に最も欠落しているもののひとつではないだろうか。没後十年経っても、ガルブレイスを再読する意義があると主張するゆえんである。

最後になったが、今回、二十一年前の私のガルブレイス論に注目して、復刊を強く勧めて下さった白水社の竹園公一朗氏、およびそれを支持して下さった関係者の方々に厚くお礼申し上げたい。

根井雅弘

二〇一六年六月十七日

参考文献

序　章

J・K・ガルブレイス『ある自由主義者の肖像』鈴木哲太郎ほか訳（TBSブリタニカ、一九八〇年）
J・K・ガルブレイス『回想録』松田銑訳（TBSブリタニカ、一九八三年）
J・K・ガルブレイス『経済学・平和・人物論』小原敬士・新川健三郎訳（河出書房新社、一九七二年）

第一章

The New Palgrave: A Dictionary of Economics, edited by John Eatwell, Murray Milgate and Peter Newman, 4 vols., Macmillan, 1987.
都留重人『近代経済学の群像』（岩波現代文庫、二〇〇六年）
J・K・ガルブレイス『回想録』（前掲）

J・A・シュムペーター『景気循環論』全五巻、吉田昇三監訳（有斐閣、一九五八―六四年）
根井雅弘『現代アメリカ経済学』（岩波書店、一九九二年）
ミロ・ケインズ編『ケインズ　人・学問・活動』佐伯彰一・早坂忠訳（東洋経済新報社、一九七八年）
J・M・ケインズ『雇用・利子および貨幣の一般理論』塩野谷祐一訳（東洋経済新報社、一九八三年）
J・K・ガルブレイス『アメリカの資本主義』新川健三郎訳（白水社、二〇一六年）
P・A・サムエルソン『経済学』〔第十版〕上・下、都留重人訳（岩波書店、一九七七年）
J・A・シュムペーター『資本主義・社会主義・民主主義』全三巻、中山伊知郎・東畑精一訳（東洋経済新報社、一九六二年）
小原敬士『ガルブレイスの経済思想』（鹿島出版会、一九七〇年）
J・K・ガルブレイス『大恐慌』小原敬士・伊東政吉訳（TBSブリタニカ、一九八〇年）

第二章

篠原三代平・佐藤隆三責任編集『サミュエルソン経済学体系⑨』（勁草書房、一九七九年）
P・A・サムエルソン『経済学』〔第六版〕上・下、都留重人訳（岩波書店、一九六七年）
根井雅弘『現代の経済学』（講談社学術文庫、一九九四年）

F・A・ハイエク『市場・知識・自由』田中真晴・田中秀夫編訳（ミネルヴァ書房、一九八六年）
J・K・ガルブレイス『ゆたかな社会』〔第四版〕鈴木哲太郎訳（岩波書店、一九八五年）
J・K・ガルブレイス『経済学の歴史』鈴木哲太郎訳（ダイヤモンド社、一九八八年）
J・A・シュムペーター『経済発展の理論』上・下、塩野谷祐一・中山伊知郎・東畑精一訳（岩波文庫、一九七七年）
J・K・ガルブレイス『回想録』（前掲）
エミール・デュルケーム『自殺論』宮島喬訳（中公文庫、一九八五年）
宮島喬『デュルケム理論と現代』（東京大学出版会、一九八七年）
J・M・ケインズ『説得論集』宮崎義一訳（東洋経済新報社、一九八一年）
F. A. Hayek, *Studies in Philosophy, Politics, and Economics*, The University of Chicago Press, 1967.
中村達也『ガルブレイスを読む』（岩波現代文庫、二〇一二年）
アルフレッド・L・マラブル『エコノミストはつねに間違う』仁平和夫訳（日経BP出版センター、一九九四年）
井上一馬『ケネディ』（講談社現代新書、一九九四年）
"*Let the Word Go Forth*": *The Speeches, Statements, and Writings of John F. Kennedy, 1947-1963*, selected and with an introduction by Theodore C. Sorensen, A Laurel Trade Paperback, 1988.
根井雅弘『現代アメリカ経済学』（前掲）

A・レービ『経済学はどこへ行く』上原一男訳（日本経済新聞社、一九七五年）
D・ハルバースタム『ベスト&ブライテスト』全三巻、浅野輔訳（サイマル出版社、一九八三年）
小川晃一・片山厚編『アメリカの知識人』（木鐸社、一九八八年）
P・A・サムエルソン『経済学と現代』福岡正夫訳（日本経済新聞社、一九七二年）
Robert Heilbroner and Aaron Singer, *The Economic Transformation of America: 1600 to the Present*, Third Edition, Harcourt Brace College Publishers, 1994.

第三章

J・K・ガルブレイス『回想録』（前掲）
J・K・ガルブレイス『新しい産業国家』〔第三版〕上・下、斉藤精一郎訳（講談社文庫、一九八四年）
小原敬士『ガルブレイスの経済思想』（前掲）
P・A・サムエルソン『経済学と現代』（前掲）
P・A・サムエルソン&W・D・ノードハウス『経済学』〔第十三版〕上・下、都留重人訳（岩波書店、一九九二年―九三年）
T・ヴェブレン『技術者と価格体制』小原敬士訳（未来社、一九六二年）
W・F・ミュラー『産業組織論入門』岩崎晃訳（東洋経済新報社、一九七七年）

R・H・コース『企業・市場・法』宮沢健一ほか訳（東洋経済新報社、一九九二年）
J・K・ガルブレイス『ある自由主義者の肖像』（前掲）
根井雅弘『現代イギリス経済学の群像』（岩波書店、一九八九年）
George R. Feiwel, *The Intellectual Capital of Michal Kalecki*, University of Tennessee Press, 1975.
J・K・ガルブレイス『経済学と公共目的』上・下、久我豊雄訳（講談社文庫、一九八五年）
中村達也『ガルブレイスを読む』（前掲）
J・K・ガルブレイス『マネー』都留重人監訳（TBSブリタニカ、一九七六年）

第四章

F・A・ハイエク『市場・知識・自由』（前掲）
M・フリードマン『インフレーションと失業』保坂直達訳（マグロウヒル好学社、一九七八年）
アルフレッド・L・マラブル『エコノミストはつねに間違う』（前掲）
J・K・ガルブレイス『経済学の歴史』（前掲）
J・K・ガルブレイス『ゆたかな社会』（前掲）
P・A・サムエルソン＆W・D・ノードハウス『経済学』（前掲）
Robert Heilbroner and Aaron Singer, *The Economic Transformation of America: 1600 to the Present*, op. cit.
根井雅弘『現代アメリカ経済学』（前掲）

J・K・ガルブレイス『世界を読む』松田銑訳（TBSブリタニカ、一九八四年）

J・K・ガルブレイス『バブルの物語』鈴木哲太郎訳（ダイヤモンド社、二〇〇八年）

J・K・ガルブレイス『満足の文化』中村達也訳（ちくま学芸文庫、二〇一四年）

P・A・サミュエルソン『経済分析の基礎』〔増補版〕佐藤隆三訳（勁草書房、一九八六年）

Paul Krugman, *Peddling Prosperity: Economic Sense and Nonsense in the Age of Diminished Expectations*, W. W. Norton, 1994.

J・A・シュムペーター『経済分析の歴史』全七巻、東畑精一訳（岩波書店、一九五五―六二年）

J・A・シュンペーター『景気循環分析への歴史的接近』金指基編訳（八朔社、一九九一年）

J・K・ガルブレイス『経済学の歴史』（前掲）

Unconventional Wisdom: Essays on Economics in Honor of John Kenneth Galbraith, edited by Samuel Bowles, Richard C. Edwards, and William G. Shepherd, Houghton Mifflin Company, 1989.

著者略歴

根井雅弘（ねい・まさひろ）
一九六二年生まれ。一九八五年早稲田大学政治経済学部経済学科卒業。一九九〇年京都大学大学院経済学研究科博士課程修了。経済学博士。現在、京都大学大学院経済学研究科教授。専門は現代経済思想史。『現代イギリス経済学の群像』（岩波書店）、『経済学の歴史』（講談社学術文庫）、『シュンペーター』（講談社学術文庫）、『サムエルソン『経済学』の時代』（中公選書）、『経済学再入門』（講談社学術文庫）他多数。

ガルブレイス
異端派経済学者の肖像

二〇一六年八月二〇日　印刷
二〇一六年九月一〇日　発行

著　者 © 根井雅弘
発行者　及川直志
印刷所　株式会社三陽社
発行所　株式会社白水社

東京都千代田区神田小川町三の二四
電話　営業部〇三（三二九一）七八一一
　　　編集部〇三（三二九一）七八二一
振替　〇〇一九〇・五・三三二二八
郵便番号　一〇一・〇〇五二
http://www.hakusuisha.co.jp
乱丁・落丁本は、送料小社負担にてお取り替えいたします。

誠製本株式会社

ISBN978-4-560-09512-6
Printed in Japan